丛书主编：戴 琼

北京注协中小会计师事务所发展促进委员会系列丛书

行政事业单位领导干部经济责任审计操作实务

XINGZHENG SHIYE
DANWEI LINGDAO GANBU
JINGJI ZEREN SHENJI
CAOZUO SHIWU

王凤波 ◎ 主编

中国财经出版传媒集团
中国财政经济出版社
北京

图书在版编目（CIP）数据

行政事业单位领导干部经济责任审计操作实务 / 王凤波主编. -- 北京：中国财政经济出版社，2024.11.（北京注协中小会计师事务所发展促进委员会系列丛书）.
ISBN 978-7-5223-3527-8

Ⅰ.F239.66

中国国家版本馆CIP数据核字第2024CZ1893号

责任编辑：温彦君　　　　　　责任校对：张　凡
封面设计：智点创意　　　　　　责任印制：史大鹏

行政事业单位领导干部经济责任审计操作实务
XINGZHENG SHIYE DANWEI LINGDAO GANBU JINGJI ZEREN SHENJI CAOZUO SHIWU

中国财政经济出版社 出版

URL：http：//www.cfeph.cn
E-mail：cfeph@cfeph.cn

（版权所有　翻印必究）

社址：北京市海淀区阜成路甲28号　邮政编码：100142
营销中心电话：010-88191522
天猫网店：中国财政经济出版社旗舰店
网址：https://zgczjjcbs.tmall.com
北京中兴印刷有限公司印刷　各地新华书店经销
成品尺寸：170mm×240mm　16开　13.5印张　190 000字
2024年11月第1版　2024年11月北京第1次印刷
定价：60.00元
ISBN 978-7-5223-3527-8
（图书出现印装问题，本社负责调换，电话：010-88190548）
本社质量投诉电话：010-88190744
打击盗版举报热线：010-88191661　QQ：2242791300

编 委 会

丛书顾问：方　宇
丛书主编与编委会主任委员：戴　琼
编委会副主任委员：王凤波　黄玉珍
编委：（按姓氏笔画排序）

于淑君　王凤波　白艳娟　安根生　李　丽　李春莉　李勋浩
李　靖　吴长波　吴　红　单晨云　杨争媛　袁灵新　黄玉珍
常　卿　鲍丽华　戴　琼

前　言

为深入学习贯彻党的二十大精神，落实《国务院办公厅关于进一步规范财务审计秩序 促进注册会计师行业健康发展的意见》（国办发〔2021〕30号）文件要求，促进中小会计师事务所的高质量发展和人才战略，研判中小会计师事务所发展中存在的痛点、难点、堵点问题，提出改革创新建议；促进中小会计师事务所经验交流，分享先进经验。北京注册会计师协会第八届理事会三次会议审议通过，成立了中小会计师事务所发展促进委员会（以下简称"中小所促进委员会"）。中小所促进委员会成立后，一直致力于如何加强中小会计师事务所执业规范，解决中小会计师事务所执业难题，提高中小会计师事务所执业质量，培养中小会计师事务所的核心竞争能力，促进中小会计师事务所做专、做精、做强，真正实现"专精特新"发展。

根据目前中小会计师事务所以专项审计为主要业务范畴的实际情况，为贯彻落实注册会计师执业规范和具体审计指引、提高会计师事务所专项审计的执业能力、不断培养专项审计专业人才，努力促进注册会计师行业发展，积极推进国家诚信体系建设，中小所促进委员会组织资深专家学者、具有多年从事专项审计工作的行业领军人才和一线具体执业人员，对科研项目（课题）结题审计、基本建设项目预决算财务审计、财政资金预算绩效审计、领导干部经济责任审计、财务收支审计、民非组织专项审计、高新（双软）认定专项审计等中小会计师事务所广泛从事的业务，从理论发展、执业经验、具体操作等方面进行系统研究和总结，适时编辑出版。旨在以此为手段，进一步促进注册会计师行业专项审计的专业化、规范化、标准化、精细化。

本书是王凤波副主任基于自身长期从事行政事业单位专项审计工作的经验积累，依据《党政主要领导干部和国有企事业单位主要领导人员经济责任审计规定》和《关于进一步规范经济责任审计工作有关事项的通知》等一系列文件的规定，结合中国注册会计师执业准则体系的相关要求，通过对行政事业单位经济责任审计的基本理论、业务流程、审计重点以及底稿编制的全面阐述，旨在为从事行政事业单位经济责任审计工作的注册会计师及相关人员提供一本实用的操作手册，从而提升行政事业单位经济责任审计的效果和效率。

在本书编写过程中，戴琼主任对全书进行了修订和完善；杨争媛老师就第五章相关内容进行了编撰；常卿老师就第六章相关内容进行了修订和完善；各位编委在资料的搜集与整理中给予了鼎力支持和通力合作。本书致力于操作经验的交流与分享，囿于编委会成员学识，书中肯定存在不少遗漏甚至错误，恳请同仁批评指正！

本书的出版，得益于北京注册会计师协会领导的直接关心和支持，得益于中国财政经济出版社领导和编辑的大力支持，在此一并致谢！

编委会

2024 年 7 月

目　录

第一章　绪论 …………………………………………………（ 1 ）
　一、我国经济责任审计的发展历程 ……………………（ 2 ）
　二、经济责任审计的内涵和作用 ………………………（ 4 ）
　三、经济责任审计的特点 ………………………………（ 7 ）
　四、行政事业单位领导干部经济责任审计的特殊性 …（ 8 ）
　五、经济责任审计工作的未来展望 ……………………（ 10 ）

第二章　初步业务活动 ………………………………………（ 13 ）
　一、审计业务承接 ………………………………………（ 13 ）
　二、审计初步风险判断与应对 …………………………（ 17 ）
　三、审计业务约定书的签订 ……………………………（ 25 ）

第三章　计划审计工作 ………………………………………（ 33 ）
　一、编制审计计划需要考虑的主要因素 ………………（ 33 ）
　二、制定总体审计策略 …………………………………（ 36 ）
　三、编制具体审计计划（审计实施方案） ……………（ 40 ）
　四、制发审计通知书 ……………………………………（ 45 ）

第四章　审计准备与控制测试 ………………………………（ 50 ）
　一、参加审计进场会议 …………………………………（ 50 ）

二、收集相关资料…………………………………………（51）
三、内部控制测试与评价…………………………………（54）
四、获取审计证据…………………………………………（63）

第五章　进一步审计程序………………………………………（72）
一、贯彻执行党和国家经济方针政策、决策部署情况的
　　审计………………………………………………………（72）
二、本部门本单位重要发展规划和政策措施的制定、
　　执行和效果情况审计……………………………………（81）
三、重大经济事项的决策、执行和效果情况……………（87）
四、财政财务管理和经济风险防范情况…………………（105）
五、落实有关党风廉政建设责任和遵守廉洁从政规定情况……（118）
六、生态文明建设项目、资金等管理使用和效益情况…………（124）
七、以往审计发现问题的整改情况………………………（127）
八、其他需要审计的内容…………………………………（130）

第六章　完成审计工作…………………………………………（133）
一、整理、评价审计证据…………………………………（133）
二、整理、汇总审计发现的问题…………………………（135）
三、对审计发现的问题进行定性…………………………（149）
四、对被审计领导干部的经济责任进行认定……………（176）
五、对被审计领导干部进行审计评价……………………（183）
六、整理、复核审计工作底稿……………………………（186）
七、编制审计报告…………………………………………（193）

参考文献…………………………………………………………（205）

| 第一章 |

绪　　论

经济责任审计是中国特色社会主义审计监督制度的重要组成部分，是适应我国政治经济社会发展的客观要求而产生和发展起来的，带有明显的中国特色和时代特征。经济责任审计之所以能在我国出现并得以发展，是与我国的制度背景相适应的。首先，与西方发达国家相比，我国各种政府行为往往对社会经济发展有着直接的影响，各类领导干部对于经济发展和社会管理承担着更大的责任，因此，加强对领导干部的监督和约束，在我国显得更为迫切；其次，国有企业的存在使得政府与市场、企业的边界比较模糊，各类领导干部在公共权力行使、公共资源使用过程中如何精准定位，如何科学评价领导干部的公共受托经济责任的履行情况变得非常困难；最后，公众对于掌握大量公共资源、行使公共权力的各类领导干部尚缺乏有力的监督途径，加大了腐败等行为发生的可能程度。因此，建立一种由干部管理部门与国家审计机关联合开展的领导干部经济责任审计制度，将审计机关的独立性和专业技术优势与干部管理部门的选人用人结合起来，把经济责任的履行情况作为干部考核和任用的依据，是在当前制度背景下加强干部监督的有效途径。[①]

---

① 李进营. 浅谈国家治理视角下的经济责任审计 [EB/OL]，(2011-12-20) https：//www.audit.gov.cn/n9/n397/n401/c14965/content.html.

一、我国经济责任审计的发展历程

（一）初创期

自20世纪80年代起，经过40多年的探索与完善，我国经济责任审计工作不断发展和深化，规范化、制度化、法治化水平逐步提高，取得了明显成效。

1986年9月，中共中央、国务院发布《全民所有制工业企业厂长工作条例》，提出厂长离任前，企业主管机关（或会同干部管理机关）可以提请审计机关对厂长进行经济责任审计评议。同年12月，审计署发布《关于开展厂长离任经济责任审计工作几个问题的通知》，明确了厂长离任经济责任审计的内容。

1999年5月，中共中央办公厅、国务院办公厅印发《县级以下党政领导干部任期经济责任审计暂行规定》和《国有企业及国有控股企业领导人员任期经济责任审计暂行规定》，明确规定对县级以下党政领导干部，以及国有企业和国有控股企业领导人员进行经济责任审计。这是我国经济责任审计的第一项法规，标志着我国经济责任审计制度的初步确立，促进了经济责任审计工作的快速和深入发展。

（二）发展期

2002年7月，中共中央印发《党政领导干部选拔任用工作条例》，明确对需要进行经济责任审计的考察对象，应当委托审计部门按照有关规定进行审计，对经济责任审计结果运用提出明确要求。

2004年，中纪委、中组部、监察部、人事部、审计署联合发文，决定从2005年1月1日起，将党政领导干部经济责任审计范围从县以下扩大到地厅级。

2006年2月，全国人大常委会修正通过《中华人民共和国审计法》，专门就经济责任审计做出规定，首次以法律形式确立了经济责任审计的法律地位。

2007年10月，党的十七大报告提出，重点加强对党政领导干部特别是主要领导干部，人财物管理使用、关键岗位的监督，健全质询、问责、经济责任审计、引咎辞职、罢免等制度。落实党内监督条例，加强民主监督，发挥好舆论监督作用，增强监督合力和实效。

2010年10月，中共中央办公厅、国务院办公厅印发《党政主要领导干部和国有企业领导人员经济责任审计规定》，对经济责任审计的对象和内容、经济责任审计工作的组织协调和实施、经济责任审计评价和审计结果运用都做出了规定。从此，经济责任审计工作进入深化发展的阶段。

2012年11月，党的十八大报告提出，要建立健全权力运行制约和监督体系。推进权力运行公开化、规范化，健全质询、问责、经济责任审计、引咎辞职、罢免等制度，加强党内监督、民主监督、法律监督、舆论监督，让人民监督权力，让权力在阳光下运行，把权力关进制度的笼子里。

2014年7月，中央经济责任审计工作部际联席会议成员单位联合印发《党政主要领导干部和国有企业领导人员经济责任审计规定实施细则》，进一步细化明确了经济责任审计制度。

2016年3月，中国内部审计协会印发《第2205号内部审计具体准则——经济责任审计》，进一步规范了内部审计机构开展的经济责任审计工作，提高了审计质量和效果。

（三）成熟期

2019年3月，中共中央印发修订后的《党政领导干部选拔任用工作条例》，明确对需要进行经济责任审计的考察对象，应事先按照有关规定进行审计。

2019年7月，中共中央办公厅、国务院办公厅印发《党政主要领导干部和国有企事业单位主要领导人员经济责任审计规定》（中办发〔2019〕

45号),为新时代经济责任审计工作提供了基本遵循[①]。

为了与中共中央办公厅、国务院办公厅2019年7月印发的《党政主要领导干部和国有企事业单位主要领导人员经济责任审计规定》相衔接,中国内部审计协会组织修订了《第2205号内部审计具体准则——经济责任审计》并于2021年1月21日重新印发《第2205号内部审计具体准则——经济责任审计》(中内协发〔2021〕6号),进一步指导规范内部审计机构开展的经济责任审计工作。

2021年2月20日,中央审计委员会办公室、审计署印发《关于进一步规范经济责任审计工作有关事项的通知》(中审办发〔2021〕5号),进一步规范了经济责任审计工作。

2023年7月5日,中央审计委员会办公室印发《关于印发2023审计年度经济责任审计工作指导意见的通知》(中审办发〔2023〕24号),进一步推进经济责任审计工作高质量发展。

经过40多年的发展,经济责任审计覆盖面不断扩大、审计内容不断深化、组织协调机制不断健全、审计结果运用不断加强,努力将有权必有责、有责要担当、失责必追究的要求落实落细,已经成为中国特色社会主义审计监督制度的重要组成部分,成为加强权力运行制约与监督的重要制度安排,在保障党中央令行禁止,维护国家经济安全,推动全面深化改革,促进依法治国,推进廉政建设等方面发挥了重要作用。

二、经济责任审计的内涵和作用

(一)经济责任审计的内涵

所谓经济责任,是指领导干部在任职期间因其所任职务,依法对本地区、本部门(系统)、本单位的财政收支、财务收支以及有关经济活动应

[①] 2021高级审计师资格考试复习指南[M]. 北京:中国时代经济出版社,2021:507-508.

当履行的职责、义务。经济责任实质上是一种"公共受托经济责任",即政府官员应当按照法律规定取得公共资源,合理合法并经济地使用公共资源,从而最大限度地提高公共福利。公共资源的受托责任概念对于国家的治理过程非常关键,政府官员能够在多大程度上意识到自己所承担的受托责任、法律又能在多大程度上保证政府官员勤勉尽职履行受托责任,是判断一个国家民主和法治程度的重要指针。依据《党政主要领导干部和国有企事业单位主要领导人员经济责任审计规定》,经济责任是指领导干部在任职期间,对其管辖范围内贯彻执行党和国家经济方针政策、决策部署,推动经济和社会事业发展,管理公共资金、国有资产、国有资源,防控重大经济风险等有关经济活动应当履行的职责。

经济责任审计是指由独立的审计机构和审计人员依据党和国家的方针、政策,财经法令、法规、制度以及计划、预算、经济合同等,对经济责任关系主体经济责任的履行情况监督、审查、评价和证明的一种审计方式。经济责任审计工作应以马克思列宁主义、毛泽东思想、邓小平理论、"三个代表"重要思想、科学发展观、习近平新时代中国特色社会主义思想为指导,增强"四个意识"、坚定"四个自信"、做到"两个维护",认真落实党中央、国务院决策部署,紧紧围绕统筹推进"五位一体"总体布局和协调推进"四个全面"战略布局,贯彻新发展理念,聚焦经济责任,客观评价,揭示问题,促进经济高质量发展,促进全面深化改革,促进权力规范运行,促进反腐倡廉,推进国家治理体系和治理能力现代化。

经济责任审计要根据领导干部职责范围,着重围绕党和国家重大经济方针政策、决策部署在本单位贯彻落实情况,本单位发展战略目标、规划、计划实施情况,主责主业开展情况实施审计;关注重大资金分配、资产处置、公共资源交易等重要领域和关键环节;聚焦内部控制和风险管理,聚焦权力运行和责任落实,聚焦是否造成公共资金、国有资产、国有资源损失浪费、生态环境破坏、公共利益损害等后果;重点揭示与领导干部履职相关的典型性和普遍性问题。

经济责任审计可以在领导干部任职期间进行,也可以在领导干部离任后进行,以任职期间审计为主。任期内领导人员的经济责任审计期间,一般指到任的次月起至决定审计的上月;离任经济责任审计通常包括领导人员所任职务的整个任职期间,一般指到任的次月起至离任的当月。

(二) 经济责任审计的作用

经济责任审计是对领导干部的常态化"经济体检",不仅要"查病",更要"治已病""防未病"。一方面,强化了对领导干部的管理监督,通过揭露和查处重大违规违纪违法问题,推进问责问效,强化不敢腐的震慑;通过发现和揭示经济社会运行中的各类风险隐患,推动健全制度加强管理,扎牢不能腐的笼子。另一方面,促进了领导干部履职尽责、担当作为,通过科学评价领导干部任职期间经济责任履行情况,激励和引导领导干部干事创业,增强不想腐的自觉。实施好经济责任审计,对改善我国国家治理能够起到独特作用:首先,在委托人(公众或上级行政主管部门)与代理人(各类领导干部)存在信息不对称的条件下,经济责任审计能够发现并防范领导干部的不道德行为。通过检查各类被审计领导干部在重大决策、重要资产处置等过程中的行为,并评价其经济后果和效益,能够发现不道德行为,并且在这种机制的威慑下,可以防范可能发生的不道德行为;其次,经济责任审计结果可以作为传递领导干部素质和能力的有效信号。财务收支合法、重大经济决策效果良好、内部控制完善等都是领导干部具备较高素质和能力的信号,这种信号为委托人(公众或上级行政主管部门)所接收,就为委托人解除或继续保持委托—代理关系提供了必要的信息基础。[①]

党的十八大以来,党和国家把审计监督作为我国"八大监督"体系之一,彰显了审计监督的政治属性。国有企事业单位领导人员经济责任审计作为审计监督体系中的重要组成部分,其政治站位也更加明确。全面从严治党战略部署要求经济责任审计提高政治站位,抓住"关键少数"这个群

---

① 李进营. 浅谈国家治理视角下的经济责任审计 [EB/OL],(2011 - 12 - 20)https://www.audit.gov.cn/n9/n397/n401/c14965/content.html.

体，从党中央到省、市、县党委，坚持将经济责任审计制度与党中央政治指导思想结合，全面推进以党管党，深化改革。2018 年 3 月，中共中央印发的《深化党和国家机构改革方案》再一次明确了中央审计委员会的主要职责，进一步强调了审计机关作为国家机关的政治属性。党的十九大强调，审计应以"健全党和国家监督体系"为制度建设方向。行政事业单位领导干部经济责任审计更要严格坚持以习近平同志为核心的党中央新时代中国特色社会主义中心思想，贯彻党和国家对经济责任审计提出的新要求，强调发挥经济责任审计对提升国家治理能力现代化的监督职能。[①]

三、经济责任审计的特点

经济责任审计中的"经济责任"是领导人员的个人职责而不是法人职责。通过一定的形式和程序，各类领导干部取得公共资源和公共权力，应合法并经济有效地使用公共资源，从而最大限度地提高公共福利，即承担相应的受托公共责任。而作为委托人的公众或上级行政主管部门也需要了解：领导干部的公共资源管理行为是否适当和合规；公共资源的使用是否有效率和经济，等等。

经济责任审计与传统的审计相比，有着显著的特点：第一，经济责任审计有特殊的审计目的。经济责任审计的目的就是评价领导干部任期内经济责任的履行情况，进而监督和促进经济责任的履行；第二，经济责任审计有着特殊的审计范围和内容。经济责任审计只针对一类特殊的人群，即党政领导干部和国有企事业单位的主要负责人，审计的内容是领导干部在其任期内的经济决策行为、行政管理活动等；第三，经济责任审计具有独特的审计组织方式。经济责任审计实行由纪检、组织、监察、人事、审计、国有资产管理等部门组成的经济责任工作联席会议制度；第四，经济责任审计有特殊的审计路径。简单地说，财政财务审计等常规审计类型主

[①] 黄容，陈幔芹，谢清华．论经济责任审计的价值理念、治理体系与实践能力 [J]．财会月刊，2024（4）：80-86．

要对"事",从审计路径上看是由"事"及"人",即首先考虑发生了什么经济业务,然后再考虑谁是责任人,而经济责任审计则主要对"人",审计路径是由"人"及"事",即首先确定责任人,然后再看责任人在任期内负责了哪些经济业务,责任人对于经济业务的开展情况和结果应承担什么责任。①

注册会计师参与经济责任审计具有特殊性,中央审计委员会办公室、审计署《关于进一步规范经济责任审计工作有关事项的通知》(中审办发〔2021〕5号)明确指出:"经济责任审计是党中央、国务院交给审计机关的一项重要政治任务,各级审计机关要严格落实两办《党政主要领导干部和国有企事业单位主要领导人员经济责任审计规定》,依照法定职责、权限和程序行使审计监督权,依法开展审计。遇有审计力量不足、相关专业技能受到限制等情形时,在严格项目管理、强化质量控制的前提下,可以从社会中介机构、科研机构、高等院校以及其他企事业单位等组织中,聘请具有与审计事项相关专业知识的人员参加审计工作,或者提供专业技术支持,但不得将经济责任审计项目整体委托其他组织独立实施。"实务中,注册会计师实施经济责任审计业务通常以接受内审机构业务外包的形式实施,即通过内审机构购买服务的方式。因此,经济责任审计是注册会计师一项常规的审计业务类型,也是中小型会计师事务所的主要业务来源之一。

四、行政事业单位领导干部经济责任审计的特殊性

根据《党政主要领导干部和国有企事业单位主要领导人员经济责任审计规定》,行政事业单位领导干部经济责任审计的对象通常包括:地方各级党委、政府、纪检监察机关、法院、检察院的正职领导干部或者主持工作1年以上的副职领导干部。审计内容聚焦经济责任、突出审计重点、恪

---

① 李进营. 浅谈国家治理视角下的经济责任审计 [EB/OL], (2011-12-20) https://www.audit.gov.cn/n9/n397/n401/c14965/content.html.

守审计边界,充分考虑领导干部管理监管需求、履职特点和审计资源等因素,通常包括:(1)贯彻执行党和国家经济方针政策、决策部署情况;(2)本部门本单位重要发展规划和政策措施的制定、执行和效果情况;(3)重大经济事项的决策、执行和效果情况;(4)财政财务管理和经济风险防范情况,生态文明建设项目、资金等管理使用和效益情况,以及在预算管理中执行机构编制管理规定情况;(5)在经济活动中落实有关党风廉政建设责任和遵守廉洁从政规定情况;(6)以往审计发现问题的整改情况;(7)其他需要审计的内容。

与其他行业有所不同,行政事业单位有自己的特点,它的特点是"大、多、强、杂、高。"一是党政机关权力大,是政策的制定和执行者,位高权重。二是行政事业单位多,既有党政部门,又有司法审判机关,还有遍布各行业事业单位及各种群团组织。三是政策性强。从审计角度看,行政事业单位掌握专项资金项目多、资金量大,每项专项资金分配使用都是用来落实相应政策的,因此行政事业单位工作具有较强的政策性。四是杂,即财务管理复杂,行政事业单位在预算管理上,既有全额预算管理方式,又有定额预算管理方式,还有定项的管理方式。五是信息化水平高。随着预算管理改革的不断深入,预算执行的主要工作,如指标管理、国库集中支付、政府采购、报表管理、项目申报与审核等工作逐步纳入电子信息化体系,信息化水平越来越高。行政事业单位的这些特点,毫无疑问地影响着行政事业单位领导干部经济责任审计项目计划的制定、重点内容的确定以及审计组织方式变化等。因此,要深化行政事业审计就必须认真研究被审计对象的特点。[①]

针对行政事业单位的以上特点,首先,了解单位的人员编制情况,结合人员编制情况,分析经费中人员经费是否合理。其次,了解单位的行政职能和管辖范围,对比分析公务费开支的合理性。最后,了解维持行政职能的资产总量是多少,财政核定的年度经费预算额度和有无专项资金收

---

① 刘海泉,刘亚玲. 关于新时期行政事业审计工作的几点思考 [EB/OL],(2011-03-30) https://www.audit.gov.cn/oldweb/n6/n1558/c113555/content.html.

入，分析研究领导任期内主要财务收支活动的合理合法性。在以上基本分析的基础上，对变动比较大和显著不合理的地方，再采用常规审计手段进行深入核实，调查取证。对一些宏观经济管理部门和有一定收入的事业单位，需要分析的内容更加复杂，但是，按照基本分析法的逻辑思路，仍然可以达到提高效益的目的。由于经济责任审计是人格化的审计，审计的范围超出了单位财政、财务收支的范畴，审计的对象直接针对的是被审计单位的主要领导干部所承担责任的经济活动。在审计实施前，可以向纪检等部门发询证函；在进入审计现场时要进行审前公告，要求被审计单位对提供的会计资料的完整性、真实性实行审计承诺，这些方法的运用拓展了审计发现问题的途径。

五、经济责任审计工作的未来展望

（一）注册会计师将更多参与经济责任审计工作

从国内外审计的历史和现状来看，审计按不同主体可划分为政府审计、内部审计和民间审计，并相应地形成了三类审计组织机构，共同构成审计监督体系。政府审计是由政府审计机关代表政府依法进行的审计。政府审计主要监督检查各级政府及其部门的财政与公共资金的收支、运用情况。内部审计是由各部门、各单位内部设置的专门机构或人员实施的审计。内部审计主要监督检查本部门、本单位的财务收支和经营管理活动。民间审计是由经政府有关部门审核批准的注册会计师组成的会计师事务所进行的审计。三类审计组织机构互不隶属，共同构成中国审计监督体系。在我国，会计师事务所由注册会计师协会进行行业自律管理，自收自支、独立核算、自负盈亏、依法纳税，因此在业务上具有较强的独立性、客观性和公正性，并且为社会公众所认可。

依据《党政主要领导干部和国有企事业单位主要领导人员经济责任审计规定》领导干部的经济责任审计按照干部管理权限确定，主要包括国家审计机关和内部审计机构。《中华人民共和国审计法》第十三条明确规定："审计机关根据工作需要，可以聘请具有与审计事项相关专业知识的人员参加审计工作。"《关于进一步规范经济责任审计工作有关事项的通知》明确指出："遇有审计力量不足、相关专业技能受到限制等情形时，在严格项目管理、强化质量控制的前提下，可以从社会中介机构、科研机构、高等院校以及其他企事业单位等组织中，聘请具有与审计事项相关专业知识的人员参加审计工作……。"习近平总书记对注册会计师行业作出过"要紧紧抓住服务国家建设这个主题和诚信建设这条主线"的重要批示。因此，注册会计师行业作为社会经济监督体系的一支重要力量，面对日益复杂的经济环境，以及政府和社会公众的信赖与希望，应积极担当应有的社会责任。将更多地参与到经济责任审计工作中。

（二）被审计对象将更加多元且执业将更加规范

《党政主要领导干部和国有企事业单位主要领导人员经济责任审计规定》明确规定，领导干部经济责任审计对象包括：地方各级党委、政府、纪检监察机关、法院、检察院的正职领导干部或者主持工作1年以上的副职领导干部；中央和地方各级党政工作部门、事业单位和人民团体等单位的正职领导干部或者主持工作1年以上的副职领导干部；国有和国有资本占控股地位或者主导地位的企业（含金融机构，以下统称国有企业）的法定代表人或者不担任法定代表人但实际行使相应职权的主要领导人员；上级领导干部兼任下级单位正职领导职务且不实际履行经济责任时，实际分管日常工作的副职领导干部；党中央和县级以上地方党委要求进行经济责任审计的其他主要领导干部。

随着经济责任审计工作的开展，其作用日渐凸显，已经成为具有中国特色社会主义审计监督体制的重要组成部分。相信将来民营企业、外资企业和民间非营利组织等单位主要领导人员经济责任审计也将陆续开展，经济责任审计工作的理论研究将会更加丰富，经济责任审计工作运用的审计准则或审计指引等会更加完善，注册会计师参与经济责任审计工作的具体要求也将更加规范。

(三) 经济责任审计工作将更加依赖信息技术

随着科技的不断进步,审计方法和工具也在不断创新。传统的人工审计方式已经无法满足对海量数据的审计需求,此外,信息技术的发展提高了远程审计的可行性和效率,允许审计人员远程访问必需的数据和信息,甚至实时监控和评估经济活动。因此,数字化审计、数据分析、人工智能与机器学习、区块链等信息技术将逐步在经济责任审计中得到广泛应用。数据分析技术的应用,能够帮助审计人员从大量数据中快速提取有价值的信息,有效地识别风险点和审计重点,从而提高审计效率和质量;人工智能和机器学习可以自动化完成如数据整理、异常交易识别等许多传统上需要大量手工操作的审计任务,机器学习可以通过对以往审计案例的深度分析,进一步提高审计准确性和适应性;区块链技术提供了一种安全、透明、不可篡改的数据记录方式,可以更好地追踪资金流动、记录交易历史,大大降低审计风险,提高审计的针对性。在经济责任审计中,一是通过对被审计单位的业务数据进行全方位的"扫描",从多个层次、多个维度对相关单位、业务条线的发展变化情况进行比较分析,归纳出发展中的优势和不足,对被审计领导干部经济责任的履行情况进行"精准画像";二是结合被审计单位的关键业务、关键环节和关键风险点,构建风险评估模型,使用全量数据开展数据挖掘,运用聚类、关联、群集等分析方法,从海量数据中发现异常现象,快速获取线索、定位风险环节、锁定审计疑点,进而结合现场审计情况确认被审计领导干部经济责任履行过程中存在的主要问题。因此,信息技术的应用不仅能够提高经济责任审计的效率和效果,同时也要求审计人员不断提升自己的信息技术能力,保持与时俱进。随着技术的不断进步,审计人员需要不断学习新的技术和方法,以适应经济责任审计工作的新需求。

第二章

初步业务活动

实务中,注册会计师实施经济责任审计业务通常以接受内审机构业务外包的形式实施,即通过内审机构购买服务的方式进行。根据中国内部审计协会《第2309号内部审计具体准则——内部审计业务外包管理》的有关规定,内部审计机构应当根据外包业务的要求,通过一定的方式,按照一定的标准,遴选一定数量的中介机构,建立中介机构备选库。内部审计机构确定纳入备选库的中介机构时,应当重点考虑以下条件:(1)依法设立,合法经营,无违法、违规记录;(2)具备国家承认的相应专业资质;(3)从业人员具备相应的专业胜任能力;(4)拥有良好的职业声誉。内部审计机构应当根据实际情况和业务外包需求,以及对中介机构工作质量的评价结果,定期对备选库进行更新。内部审计机构可以根据审计项目需要和实际情况,提出对选择中介机构的具体要求。相关部门按照公开、公正、公平的原则,采取公开招标、邀请招标、询价、定向谈判等形式,确定具体实施审计项目的中介机构。

一、审计业务承接

审计客户的质量,将直接影响会计师事务所的执业质量和执业风险,因此,在业务承接环节,会计师事务所需要做到"知己知彼",遵循"质量至上"的原则。"知己"是指充分了解本所执行业务的能力,一是是否具备专业胜任能力和必要的时间与资源。针对经济责任审计的特殊性,注册会计师除了具备财务、会计、审计方面的知识和经验外,还要充分关注贯彻中央决策部署、制定执行地区(部门、单位)重要发展战略、重要经济事项决策执行绩效等情况,要深入了解单位主责主业和领导干部工作思路、具体举措及成效。二是评价遵守相关职业道德要求的情况。"知彼"是指对被审计领导干部及其所在单位充分了解。具体到审计程序上,一是要与被审计领导干部及其所在单位讨论审计中的重大问题,确定被审计领导干部及其所在单位的责任、会计记录是否完整和具有可审性等重要问题。二是要分析判断被审计领导干部及其所在单位关键管理人员的诚信情况。注册会计师要在综合考虑上述内容之后,作出适当的决策,确定是否承接该项业务。审计业务承接前需要考虑的因素如下:

(一)了解被审计领导干部及其所在单位关键管理人员是否诚信

《中国注册会计师鉴证业务基本准则》第九条规定:在接受委托前,注册会计师应当初步了解业务环境。业务环境包括业务约定事项、鉴证对象特征、使用的标准、预期使用者的需求、责任方及其环境的相关特征,以及可能对鉴证业务产生重大影响的事项、交易、条件和惯例等其他事项。

会计师事务所在业务承接前,注册会计师需要与委托方直接沟通或查阅相关资料,分析判断被审计领导干部和被审计单位关键管理人员的诚信情况。

(二)注册会计师是否具备专业胜任能力以及必要的时间和资源

《中国注册会计师鉴证业务基本准则》第十条规定:在初步了解业务环境后,只有认为符合独立性和专业胜任能力等相关职业道德规范的要求,并且拟承接的业务具备下列所有特征,注册会计师才能将其作为鉴证业务予以承接:(1)鉴证对象适当;(2)使用的标准适当且预期使用者能够获取该标准；(3) 注册会计师能够获取充分、适当的证据以支持其结论；(4) 注册会计师的结论以书面报告形式表述，且表述形式与所提供的保证程度相适应；(5) 该业务具有合理的目的。如果鉴证业务的工作范围受到重大限制，或委托人试图将注册会计师的名字和鉴证对象不适当地联系在一起，则该业务可能不具有合理的目的。

会计师事务所在业务承接前，注册会计师需要充分考虑是否具备专业胜任能力以及必要的时间和资源。

(三) 评价审计项目组成员是否能够遵守相关职业道德要求

《中国注册会计师职业道德守则第 1 号——职业道德基本原则》第七条规定：注册会计师应当遵循下列职业道德基本原则：(1) 诚信；(2) 客观公正；(3) 独立性；(4) 专业胜任能力和勤勉尽责；(5) 保密；(6) 良好职业行为。

诚信是注册会计师行业存在和发展的基石，在职业道德基本原则中居于首要地位。会计师事务所在业务承接前，要充分考虑注册会计师在执业过程中是否能遵循诚信原则，在职业活动中能否保持正直、诚实守信。

客观公正是独立审计中的核心原则。客观公正对于维持独立审计的品质、提升其社会价值具有不可替代的作用，是确保审计结果公平、公正、独立的关键要素。注册会计师不得由于偏见、利益冲突或他人的不当影响而损害自己的职业判断。如果存在对职业判断产生过度不当影响的情形，注册会计师不得从事与之相关的职业活动。

独立性是鉴证业务的灵魂。会计师事务所在业务承接前，要充分考虑注册会计师是否能遵循独立性原则，是否从实质上和形式上保持独立性，不得因任何利害关系影响其客观公正。

专业胜任能力和勤勉尽责是注册会计师应当遵循的基本原则。会计师事务所在业务承接前，要充分考虑注册会计师是否获取并保持应有的专业知识和技能，确保为客户提供具有专业水准的服务，做到勤勉尽责；是否能做到遵守职业准则的要求并保持应有的职业怀疑，认真、全面、及时地完成工作任务；能否采取适当措施，确保在其授权下从事专业服务的人员得到应有的培训和督导。

注册会计师应当遵循保密原则，对职业活动中获知的涉密信息保密，会计师事务所在业务承接前，要充分考虑注册会计师是否能遵守下列要求：警觉无意中泄密的可能性，包括在社会交往中无意中泄密的可能性，特别要警觉无意中向关系密切的商业伙伴或近亲属泄密的可能性；对所在会计师事务所内部的涉密信息保密；对职业活动中获知的涉及国家安全的信息保密；对拟承接的客户向其披露的涉密信息保密；在未经客户授权的情况下，不得向会计师事务所以外的第三方披露其所获知的涉密信息，除非法律法规或职业准则规定注册会计师在这种情况下有权利或义务进行披露；不得利用因职业关系而获知的涉密信息为自己或第三方谋取利益；不得在职业关系结束后利用或披露因该职业关系获知的涉密信息；采取适当措施，确保下级员工以及为注册会计师提供建议和帮助的人员履行保密义务。值得一提的是，如果注册会计师遵循保密原则，信息提供者通常可以放心地向注册会计师提供其从事职业活动所需的信息，而不必担心该信息被其他方获知，这有利于注册会计师更好地维护公众利益。

良好的职业行为是注册会计师应当遵循的重要原则。会计师事务所在业务承接前，要充分考虑注册会计师是否爱岗敬业、遵守相关法律法规，是否能够避免发生任何可能损害职业声誉的行为。是否能够做到在明知的情况下，从事任何可能损害诚信原则、客观公正原则或良好职业声誉，从而可能违反职业道德基本原则的业务、职务或活动。能否做到在向公众传递信息以及推介自己和工作时，客观、真实、得体，不损害职业形象。是否能做到诚实、实事求是。

总之，会计师事务所在业务承接前，注册会计师应当评价审计项目组成员是否能够充分遵循上述职业道德基本原则。

（四）就审计业务约定条款能否与委托方达成一致意见

会计师事务所在作出是否接受或保持客户关系和是否接受业务委托

时，注册会计师需要按照《中国注册会计师审计准则第1111号——就审计业务约定条款达成一致意见》的规定，在审计业务开始前与委托方充分沟通，是否明确知悉对于审计报告保证程度、使用范围，是否存在不切实际的结果预期，或超出职责权限的承诺，就审计业务约定条款达成一致意见，以避免双方对审计业务的理解产生分歧。如果审计的前提条件不存在，注册会计师应当按照《中国注册会计师审计准则第1111号——就审计业务约定条款达成一致意见》第八条的规定，与委托方进行沟通，并根据具体情况判断承接审计业务是否适当。

二、审计初步风险判断与应对

会计师事务所应当在客户关系和具体业务的接受与保持方面树立风险意识，确保项目风险评估真实、到位。对于在客户关系和具体业务的接受与保持方面具有较高风险的客户，会计师事务所应当设计和实施专门的质量管理程序，如加强与前任注册会计师的沟通、与相关监管机构沟通、访谈拟承接客户以了解有关情况、加强内部质量复核等。对于从其他会计师事务所转入人员带来的客户，会计师事务所应当严格执行与客户关系和具体业务的接受与保持相关的程序，审慎承接新客户。

针对客户关系和审计业务的接受与保持，注册会计师应当按照《中国注册会计师审计准则第1121号——对财务报表审计实施的质量管理》的规定，实施相应的程序。在首次接受审计委托时，注册会计师应当针对建立客户关系和承接具体审计业务，实施相应的质量管理程序；在连续审计时，注册会计师应当针对保持客户关系和具体审计业务，实施相应的质量管理程序。具体如下：

（1）注册会计师应与委托方讨论经济责任审计中的重大问题，包括这些重大问题对计划审计工作的影响；充分考虑被审计领导干部和所在单位此前接受审计的情况。

（2）在经过初步风险判断后决定承接该业务后，会计师事务所应分派了解行政事业单位经济责任审计特点、熟悉相关法律法规政策，并具备专业胜任能力的审计人员。针对预见到的特别风险，分派具有适当经验且专业胜任能力较强的审计人员。

（3）审计项目负责人应当确信，有关客户关系和具体审计业务的接受与保持的质量控制程序已得到恰当遵守，形成的有关结论是适当的并已记录于工作底稿。无论有关审计业务接受与保持的决策过程是否由项目负责人发起，项目负责人都应当确定最近的决策是否适当。

（4）如果项目负责人在接受审计业务后获知了某项信息，而该信息若在接受业务前获知，可能导致会计师事务所拒绝该项业务，项目负责人应当立即将该信息告知会计师事务所，以使会计师事务所和项目负责人能够采取必要的行动。

（5）审计项目负责人应当确信项目组整体具有适当的素质、专业胜任能力以及必要的时间，能够按照法律法规、职业道德规范和审计准则的规定执行审计业务，并根据具体情况出具恰当的审计报告。

在审计实践中，初步审计业务的底稿编制主要包括：

1. 初步业务活动审计程序，参见示例2-1：初步业务活动审计程序表。

示例2-1：初步业务活动审计程序表如表2-1所示。

表2-1　　　　　　　　初步业务活动审计程序表

被审计单位		签字	时间	索引号
被审计领导干部	编制人			
审计期间	复核人			

初步业务活动的目标

评价是否接受业务委托。如接受业务委托，确保在计划审计工作时达到下列要求：

1. 具备执行业务所需的独立性和专业胜任能力；

2. 不存在因被审计领导干部和所在单位管理层诚信问题，影响注册会计师承接或保持该项业务意愿的事项；

3. 与被审计单位之间不存在对业务约定条款的误解。

续表

初步业务活动审计程序	索引号	执行人
1. 与委托人面谈，讨论如下事项：		
（1）审计目标；		
（2）审计报告的格式和用途；		
（3）被审计领导干部和所在单位负责人的责任；		
（4）审计范围；		
（5）委托方对审计时间和报告时间的要求；		
（6）会计记录是否完整和具有可审性；		
（7）被审计领导干部和所在单位以前审计（检查）情况，存在的问题及整改情况；		
（8）审计收费的计算基础和安排。		
2. 必要时，与被审计单位主管单位等进行沟通或查阅相关资料，分析判断被审计领导干部和所在单位负责人、关键管理人员的诚信情况；		
3. 评价是否具备执行该项审计业务所需的独立性和专业胜任能力；		
4. 签订审计业务约定书。		

2. 对初步业务活动做出整体评价，参见示例2-2：初步业务活动评价表。

示例2-2：初步业务活动评价表如表2-2所示。

表2-2　　　　　　　初步业务活动评价表

被审计单位			签字	时间	索引号
被审计领导干部		编制人			
审计期间		复核人			

初步业务活动的目标

评价是否接受业务委托。如接受业务委托，确保在计划审计工作时达到下列要求：

1. 具备执行业务所需的独立性和专业胜任能力；

2. 不存在因被审计领导干部和所在单位管理层诚信问题，影响注册会计师承接或保持该项业务意愿的事项；

3. 与被审计单位之间不存在对业务约定条款的误解。

续表

评价要点	评价描述	备注
1. 与委托人面谈，讨论如下事项：		
（1）审计目标	按照审计准则和《党政主要领导干部和国有企事业单位主要领导人员经济责任审计规定》的要求，根据领导干部职责范围，着重围绕党和国家重大经济方针政策、决策部署在本单位贯彻落实情况，本单位发展战略目标、规划、计划实施情况，主责主业开展情况实施审计；关注重大资金分配、资产处置、公共资源交易等重要领域和关键环节；聚焦内部控制和风险管理，聚焦权力运行和责任落实，聚焦是否造成公共资金、国有资产、国有资源损失浪费、生态环境破坏、公共利益损害等后果；重点揭示与领导干部履职相关的典型性和普遍性问题。	
（2）审计报告的格式和用途	参照《第3204号内部审计实务指南——经济责任审计》的报告格式出具审计报告。审计报告仅供委托方使用。	
（3）被审计领导干部和所在单位负责人的责任	被审计领导干部及其所在单位应当对所提供资料的真实性、完整性负责，并作出书面承诺；被审计领导干部及其所在单位以及其他有关单位应当及时、准确、完整地提供与被审计领导干部履行经济责任有关的下列资料： ①被审计领导干部经济责任履行情况报告； ②工作计划、工作总结、工作报告、会议记录、会议纪要、决议决定、请示、批示、目标责任书、经济合同、考核检查结果、业务档案、机构编制、规章制度、以往审计发现问题整改情况等资料； ③财政收支、财务收支相关资料； ④与履行职责相关的电子数据和必要的技术文档； ⑤审计所需的其他资料。	

续表

评价要点	评价描述	备注
（4）审计范围	对〔被审计领导干部所在单位及职务〕×××同志自××××年××月以来（或至××××年××月）任职期间经济责任履行情况进行了审计，重点审计了××××以及所属××××、××××等××家×级单位。	
（5）委托方对审计时间和报告时间的要求	××××年××月××日之前出具正式审计报告。	
（6）被审计领导干部和所在单位审计（检查）情况，存在的问题及整改情况	内审、外部检查发现的问题及整改情况。	
（7）审计收费的计算基础和安排		
（8）委托方需要提供的协助条件		
2. 必要时，与被审计单位主管单位进行沟通或查阅相关资料，分析判断被审计领导干部和所在单位负责人、关键管理人员的诚信情况		
3. 评价是否具备执行该项审计业务所需的独立性和专业胜任能力	（1）审计项目组成员签署独立性声明书，遵守相关职业道德要求； （2）审计项目组成员具备执行业务所需的专业胜任能力，拥有财务、会计、审计方面的知识和经验，熟悉经济责任审计相关的法律法规和政策； （3）审计项目组具备执行业务所需的必要时间和资源。	
评价结论	是/否接受业务委托。	

3. 针对胜任能力和独立性进行评估，参见示例 2-3：遵守相关职业道德情况评估记录表。

示例 2-3：遵守相关职业道德情况评估记录表如表 2-3 所示。

表 2-3　　　　　　遵守相关职业道德情况评估记录表

被审计单位：		编制人：	编制日期：	索引号：
被审计领导干部：				
审计期间：		复核人：	复核日期：	页次：

审计目标：针对胜任能力和独立性进行评估

审计方法：询问、检查

1. 评价会计师事务所是否具备足够的人员：

　　会计师事务所是/否为本项目配备了足够的人员？

2. 评价项目组人员的专业素质和专业经验：

　　项目组人员是/否熟悉经济责任审计，在专业知识、职业技能、职业价值观、道德与态度、实务经历等方面是/否均能胜任，会计师事务所是/否具备了符合标准和资格要求的项目质量控制复核人员。

3. 评价会计师事务所和项目组的独立性：

　　会计师事务所和项目组人员与被审计单位是/否不存在雇佣关系，是/否不存在专业服务收费以外的直接或间接经济利益，是/否不存在有损于独立性的任何事项。

4. 结论：

　　会计师事务所和审计项目组是/否具备专业胜任能力和独立性。

4. 要求审计项目组成员签署独立性声明书，参见示例 2-4：独立性声明书。

示例 2-4：独立性声明书。

独立性声明书

索引号：

×××会计师事务所：

　　本人接受委派对〔被审计领导干部所在单位及职务〕×××同志自××××年××月以来（或至××××年××月）任职期间经济责任履行

情况进行审计，现就本人在接受委派前及执行该项业务过程中有关独立性做出如下声明：

1. 本人承诺在执行该项业务过程中遵守《中国注册会计师审计准则》相关规定，遵守会计师事务所职业道德规范相关政策与程序，遵守独立、客观、公正的原则，保持应有的职业谨慎、专业胜任能力及应有的关注，勤勉尽责，并对执行该项业务过程中获知的信息保密。

2. 本人承诺在执行该项业务过程中保持形式上和实质上的独立，不因任何利害关系影响客观、公正的立场。

3. 本人承诺未兼任与所执行的业务不兼容的其他职务。

4. 本人承诺在执行该项业务时，做到实事求是，不为他人所左右，也不因个人好恶影响分析、判断的客观性。

5. 本人承诺在执行该项业务时，做到正直、诚实，不偏不倚地对待有关利益各方。

6. 本人承诺本人或与本人关系密切的家庭成员与该客户之间不存在及不发生以下可能损害独立性的情况和关系：

（1）曾是客户的董事、经理、其他关键管理人员或能够对该项业务产生直接重大影响的员工；

（2）为该客户提供直接影响该项业务对象的其他服务；

（3）为该客户编制属于该项业务对象的数据或其他记录；

（4）与该客户长期交往，存在超越业务范围的私人关系；

（5）接受该客户或其董事、经理、其他关键管理人员或能够对该项业务产生直接重大影响的员工的贵重礼品或超出社会礼仪的款待；

（6）购买该客户的股票或对其拥有股权投资；

（7）与该客户存在其他紧密的合资与合作关系；

（8）向该客户贷款或作为该客户借款的担保人，或从该客户处取得贷款，或由该客户担保而取得贷款；

（9）受托或代理该客户的资产或业务并获得经济利益；

（10）在执行该项业务过程中利用该客户关系购买该客户提供的产品

或劳务。

7. 本人承诺在接受委派及执行该项业务过程中将注意到的违反独立性要求或对独立性造成威胁的情况和关系及时告知会计师事务所。

8. 本人承诺对在执行该业务过程中获知的全部非公开信息予以保密，不与任何无关人员（包括会计师事务所与该业务无关人员）谈及相关信息。

9. 本人承诺一旦本人有计划或寻求在该客户任职，本人将立即停止执行该项业务并报告该项目负责人。

10. 本人确信上述声明不存在任何虚假、误导性陈述或重大遗漏，并对其内容的真实性负责。

审计人员签名：

年　　月　　日

5. 对是否接受业务委托进行综合评价，参见示例2-5：业务承接评价表。

示例2-5：业务承接评价表如表2-4所示。

表2-4　　　　　　　　业务承接评价表

被审计单位：		编制人：	编制日期：	索引号：
被审计领导干部：				
审计期间：		复核人：	复核日期：	页次：
业务承接途径：	客户委托（　　）			
委托单位情况	单位名称			
	单位性质		委托业务类型	
	联系人		联系电话	
	报告出具时间要求	年　月　日之前出具正式审计报告。		
	其他要求			

续表

项目经理意见	以往审计该单位业务中或通过其他途径了解，是否发现被审计单位及其关键管理人员不诚信情况	是（　）	否（　）
	是否已与被审计单位说明其承担的会计责任、业务约定条款、审计收费、需提供的协助条件等要求	是（　）	否（　）
	专业胜任能力	具备（　）	不具备（　）
	时间是否满足	满足（　）	不满足（　）
	是否具备独立性	具备（　）	不具备（　）
	人员配备方面是否满足需求	是（　）	否（　）
	项目风险评估等级：		
	承接意见	承接（　）	不承接（　）
	项目经理签字	日期：	
部门经理意见	项目风险评估等级：		
	承接意见	承接（　）	不承接（　）
	部门经理签字	日期：	
主任会计师意见	项目风险评估等级：		
	承接意见	承接（　）	不承接（　）
	主任会计师签字	日期：	
最终评价结论	承接（　）　　不承接（　）		

三、审计业务约定书的签订

注册会计师就审计业务约定条款与委托方达成一致意见后，应着手签订审计业务约定书。审计业务约定书应由会计师事务所和委托方双方的法定代表人或其授权人共同签订，并加盖委托人和会计师事务所的印章。签订后的审计业务约定书具有法定约束力，具有其他根据《中华人民共和国民法典》签订的经济合同同等的法律效力，成为委托人和受托人双方之间在法律上的生效契约。如果出现法律诉讼，它是确定双方责任的首要依据之一。从审计工作本身来看，当委托和受托目标全部实现后，即审计工作全部完成后，注册会计师应将审计业务约定书妥善保管，作为一项重要的审计工作底稿资料，纳入审计档案管理。

签订审计业务约定书的目的是明确委托人与受托人的责任与义务，敦促双方遵守约定事项并加强合作，以保护会计师事务所和委托方的各自利益。签订审计业务约定书的过程，就是会计师事务所与委托方之间相互了解的过程，体现在会计师事务所对委托目的、被审计单位基本概况等方面的了解，也体现在委托方对审计目的、审计范围、审计依据、审计责任等的了解，有利于加强双方的合作。另外，通过签订审计业务约定书可以明确义务、划分责任，审计业务约定书对双方的责任和义务做出明确的规定，以求尽可能减少一方对另一方的误解，减少审计业务中涉及处理事项的互相推诿现象。如果出现法律诉讼，审计业务约定书则是确定会计师事务所和委托人双方应负责任的重要依据。

（一）审计业务约定书的主要内容

（1）审计业务约定书的具体内容可能因被审计领导干部的不同而存在差异，但应当包括下列主要方面：

①经济责任审计的目标和范围；

②注册会计师的责任；

③被审计领导干部和被审计单位负责人的责任；

④拟出具的审计报告的预期形式和内容，以及对在特定情况下出具的审计报告可能不同于预期形式和内容的说明。

（2）审计业务约定书还可能包括下列主要方面：

①详细说明审计工作的范围，包括提及适用的法律法规、审计准则，以及中国注册会计师协会发布的职业道德守则和其他公告；

②对审计业务结果的其他沟通形式；

③说明由于审计和内部控制的固有限制，即使审计工作按照审计准则和相关规定得到恰当的计划和执行，仍不可避免地存在某些重大违规未被发现的风险；

④计划和执行审计工作的安排，包括审计项目组的构成；

⑤被审计领导干部和被审计单位确认将提供书面声明；

⑥被审计领导干部和被审计单位同意向注册会计师及时提供经济责任审计相关资料，以使注册会计师能够按照预定的时间表完成审计工作；

⑦收费的计算基础和收费安排。

(3) 如果需要，审计业务约定书也可列明下列内容：

①在某些方面对利用其他注册会计师和专家工作的安排；

②利用被审计单位员工工作的安排；

③说明对注册会计师责任可能存在的限制；

④注册会计师与委托方之间需要达成进一步协议的事项；

⑤向其他机构或人员提供审计工作底稿的义务。

(二) 审计业务约定条款的变更

《中国注册会计师审计准则第1111号——就审计业务约定条款达成一致意见》规定：在缺乏合理理由的情况下，注册会计师不应同意变更审计业务约定条款；在完成审计业务前，如果被审计单位或委托人要求将审计业务变更为保证程度较低的业务，注册会计师应当确定是否存在合理理由予以变更；如果审计业务约定条款发生变更，注册会计师应当与管理层就新的业务约定条款达成一致意见，并记录于审计业务约定书或其他适当形式的书面协议中；如果注册会计师不同意变更审计业务约定条款，而管理层又不允许继续执行原审计业务，注册会计师应当：在适用的法律法规允许的情况下，解除审计业务约定；确定是否有约定义务或其他义务向治理层、所有者或监管机构等报告该事项。

如果委托方在拟议的审计业务约定条款中对审计工作的范围施加限制，以致注册会计师认为这种限制将导致其无法表示意见，注册会计师应当按照《中国注册会计师审计准则第1111号——就审计业务约定条款达成一致意见》第七条的规定，不应将该项业务作为审计业务予以承接。

在实践中，审计业务约定书的相关条款可以参考示例2-6：审计业务约定书。

示例 2-6：审计业务约定书。

审计业务约定书

甲方：×××（委托方）

乙方：×××会计师事务所

兹由甲方委托乙方对〔被审计领导干部所在单位及职务〕×××同志自××××年××月以来（或至××××年××月）任职期间经济责任履行情况进行审计，经双方协商，达成以下约定：

一、审计目标和范围

1. 乙方接受甲方委托，对〔被审计领导干部所在单位及职务〕×××同志自××××年××月以来（或至××××年××月）任职期间经济责任履行情况进行审计。［可以根据实际情况详细列明需要审计人员及单位名称］。

2. 乙方按照中国注册会计师审计准则（以下简称审计准则）和《党政主要领导干部和国有企事业单位主要领导人员经济责任审计规定》的要求，对〔被审计领导干部所在单位及职务〕×××同志自××××年××月以来（或至××××年××月）任职期间经济责任履行情况进行审计，出具审计报告。

二、甲方的责任

1. 甲方将审计目的、审计范围及审计要求等明确告知乙方，并积极配合乙方开展审计工作，提供办公场地等，以做好审计工作。

2. 甲方根据实际情况，协调乙方在审计过程中出现的有关问题，及时为乙方的审计工作提供与审计有关的所有记录、文件和其他所需的信息，对所提供的与经济责任审计相关的资料负责，并保证资料真实、合法、完整。对于某些资料中涉及的涉密信息，甲方应及时告知乙方，以便乙方采取必要的保密应对措施。

3. 甲方协助督促被审计领导干部及其所在单位应当对所提供资料的真

实性、完整性负责，并作出书面承诺。

4. 确保乙方不受限制地接触其认为必要的被审计单位内部人员和其他相关人员。

5. 甲方督促被审计领导干部及其所在单位负责人对其作出的与经济责任审计有关的声明予以书面确认。

6. 按照本约定书的约定及时足额支付审计费用以及与审计相关的其他费用。

三、乙方的责任

1. 乙方按照审计准则和《党政主要领导干部和国有企事业单位主要领导人员经济责任审计规定》的要求执行审计工作。审计准则要求注册会计师遵守中国注册会计师职业道德守则。在执行审计的过程中，乙方需要运用职业判断。

2. 乙方识别和评估由于舞弊或错误导致的风险，设计和实施审计程序以应对这些风险，并获取充分、适当的审计证据，作为发表审计意见的基础。由于舞弊可能涉及串通、伪造、故意遗漏、虚假陈述或凌驾于内部控制之上，未能发现由于舞弊导致的重大违规的风险高于未能发现由于错误导致的重大违规的风险。

3. 乙方了解与经济责任有关的内部控制，以设计恰当的审计程序，但目的并非对内部控制的有效性发表意见。

4. 在审计过程中，乙方若发现甲方存在乙方认为值得关注的内部控制缺陷，应以书面形式向委托方通报。但乙方通报的各种事项，并不代表已全面说明所有可能存在的缺陷或已提出所有可行的改进建议。甲方在实施乙方提出的改进建议前应全面评估其影响。未经乙方书面许可，甲方不得向任何第三方提供乙方出具的沟通文件，除非法律法规另有要求。

5. 由于审计和内部控制的固有限制，即使按照审计准则和《党政主要领导干部和国有企事业单位主要领导人员经济责任审计规定》的规定适当地计划和执行审计工作，仍无法避免被审计领导干部及其所在单位的某些重大违规事项可能未被乙方发现的风险。

6. 按照约定时间完成审计工作，出具审计报告。乙方应于20××年××月××日前出具审计报告。

7. 除下列情况外，乙方应当对执行业务过程中知悉的甲方信息予以保密：（1）法律法规允许披露，并取得甲方的授权；（2）根据法律法规的要求，为法律诉讼、仲裁准备文件或提供证据，以及向监管机构报告发现的违法行为；（3）在法律法规允许的情况下，在法律诉讼、仲裁中维护自己的合法权益；（4）接受中国注册会计师协会或监管机构的执业质量检查，答复其询问和调查；（5）法律法规、执业准则和职业道德规范规定的其他情形。对执业过程中获知的涉密信息按照国家涉密相关管理要求严格管理。

四、审计收费

1. 本次审计服务的收费是以乙方各级别工作人员在本次工作中所耗费的时间为基础计算的。乙方预计本次审计服务的费用总额为人民币××万元。

2. 甲方应于本约定书签署之日起××日内支付××%（即：××万元）的审计费用，其余款项（××万元）于［审计报告草稿完成日］结清。

3. 如果由于无法预见的原因，致使乙方从事本约定书所涉及的审计服务实际时间较本约定书签订时预计的时间有明显增加或减少，甲、乙双方应通过协商，相应调整本部分第1段所述的审计费用。

4. 如果由于无法预见的原因，致使乙方人员抵达甲方的工作现场后，本约定书所涉及的审计服务中止，甲方不得要求退还预付的审计费用；如上述情况发生于乙方人员完成现场审计工作，并离开甲方的工作现场之后，甲方应另行向乙方支付人民币××元的补偿费，该补偿费应于甲方收到乙方的收款通知之日起××日内支付。

五、审计报告和审计报告的使用

1. 乙方按照审计准则和《党政主要领导干部和国有企事业单位主要领导人员经济责任审计规定》的规定出具审计报告。在特定情况下，根据委托方要求的格式和内容出具审计报告。

2. 乙方向甲方致送审计报告一式××份。

3. 审计报告仅供甲方内部管理使用,非经许可,不得用于其他目的。非法律、行政法规规定,审计报告的全部或部分内容不得提供给其他任何单位和个人,不得见诸公共媒体。审计报告正文部分及附表不可分割,应一同阅读使用。对任何因审计报告使用不当产生的后果,与执行本审计业务的乙方及签字注册会计师无关。

六、本约定书的有效期间

本约定书自签署之日起生效,并在双方履行完毕本约定书约定的所有义务后终止。但其中第三项第7段、第四、五、七、八、九、十项并不因本约定书终止而失效。

七、约定事项的变更

如果出现不可预见的情况,影响审计工作如期完成,或需要提前出具审计报告,甲、乙双方均可要求变更约定事项,但应及时通知对方,并由双方协商解决。

八、终止条款

1. 如果根据乙方的职业道德及其他有关专业职责、适用的法律法规或其他任何法定的要求,乙方认为已不适宜继续为甲方提供本约定书约定的审计服务,乙方可以采取向甲方提出合理通知的方式终止履行本约定书。

2. 在本约定书终止的情况下,乙方有权就其于终止之日前对约定的审计服务项目所做的工作收取合理的费用。

九、违约责任

甲、乙双方按照《中华人民共和国民法典》的规定承担违约责任。

十、适用的法律和争议解决

本约定书的所有方面均应适用中华人民共和国法律进行解释并受其约束。本约定书履行地为乙方出具审计报告所在地,因本约定书引起的或与本约定书有关的任何纠纷或争议(包括关于本约定书条款的存在、效力或终止,或无效的后果),双方协商确定采取以下第_____种方式予以解决:

(1)向有管辖权的人民法院提起诉讼;

(2) 提交××仲裁委员会仲裁。

十一、双方对其他有关事项的约定

本约定书一式两份，甲、乙双方各执一份，具有同等法律效力。

甲方：×××（委托单位）　　　　乙方：×××会计师事务所
（盖章）　　　　　　　　　　　　（盖章）
授权代表：（签名并盖章）　　　　授权代表：（签名并盖章）
二○××年××月××日　　　　　二○××年××月××日

| 第三章 |

计划审计工作

《孙子兵法·计篇》中说"夫未战而庙算胜者,得算多也;未战而庙算不胜者,得算少也。"这段话强调了策略和计划在取得成功中的重要性,即通过提前的计划和准备,可以增加取胜的几率,审计工作亦然。注册会计师需要合理计划审计工作,以使审计工作以合理有效的方式进行。合理的审计计划有助于注册会计师适当关注重要的审计领域;有助于注册会计师及时发现和解决潜在的问题;有助于注册会计师恰当地组织和管理审计业务,以合理高效地执行审计工作;有助于选择具备相应的专业素质和胜任能力的项目组成员应对预期的风险和向项目组成员分派适当的工作任务;有助于指导和监督项目组成员并复核其工作;在适用的情况下,有助于协调注册会计师合理利用专家工作。

审计工作是一项复杂的系统工程,审计人员必须根据审计项目的具体情况及复杂程度事先对审计过程作出安排,包括审计目的、审计范围、审计时间的安排、审计资源的调配等。审计计划是贯穿于整个审计过程中的一项重要工作。

一、编制审计计划需要考虑的主要因素

(1)审计目的。行政事业单位经济责任审计旨在通过对负责人履行经

济责任情况的审计，确保国有资产的安全、完整，促进行政事业单位资源的合理配置，提高管理效能，加强廉政建设，树立行政事业单位良好形象。注册会计师需要紧紧围绕行政事业单位经济责任审计目标，规划审计工作的具体审计范围、审计方法和审计程序等，确保审计目标得以实现。

（2）审计范围。注册会计师需要根据经济责任审计相关法律法规、被审计单位执行的会计准则和财务制度、委托方的报告要求等情况，界定审计范围。注册会计师主要考虑下列事项：一是经济责任审计的报告要求；二是预期审计工作涵盖的范围，包括被审计领导干部所在单位以及需延伸审计的单位数量及所在地点；三是拟利用以前年度审计工作中获取的审计证据的程度；四是与被审计单位人员的时间协调和相关数据的可获得性。

（3）审计的时间安排。明确审计业务的报告目标以及计划审计的时间安排和所需沟通事项的性质，包括现场审计的时间安排、提交审计报告的时间以及预期与被审计领导干部及被审计单位负责人沟通的重要日期等。注册会计师主要考虑下列事项：一是被审计单位提交相关报告的时间表；二是与被审计人员及被审计单位负责人举行会谈，讨论审计工作的性质、时间安排和范围；三是与委托方讨论注册会计师拟出具报告的时间安排以及沟通的其他事项；四是与被审计人员及被审计单位负责人讨论预期在整个审计业务中对审计工作的进展进行的沟通；五是审计项目组成员之间沟通的时间安排，包括审计会议的时间安排，以及复核已执行工作的时间安排；六是预期是否需要和第三方进行其他沟通，包括与审计相关的法定或约定的报告责任。

（4）审计方向。注册会计师应当考虑影响审计业务的重要因素以及审计报告使用人的需求，按照《中国注册会计师审计准则第1221号——计划和执行审计工作时的重要性》及其应用指南、《中国注册会计师审计准则问题解答第8号——重要性及评价错报》的规定确定重要性，以确定审计工作的方向，包括初步识别可能存在重大违规风险的领域，初步识别相关账户及交易，评价是否需要针对内部控制的有效性获取审计证据。值得注意的是，《中国注册会计师审计准则第1221号——计划和执行审计工作时的重要性》明确规定，在计划审计工作时确定的重要性（即确定的某一金额），并不必然表明单独或汇总起来低于该金额的未更正错报一定被评价为不重大。即使某些错报低于重要性，与这些错报相关的具体情形也可能使注册会计师将其评价为重大。设计审计程序以发现所有仅因其性质而可能被评价为重大的错报并不可行。然而，考虑披露中潜在错报的性质与设计应对重大错报风险的审计程序相关。此外，注册会计师在评价未更正错报对财务报表的影响时，不仅要考虑未更正错报金额的大小，还要考虑未更正错报的性质以及该错报发生的特定环境。在实务中，重要性水平主要是考虑委托方（报告使用者）的需求，可能要求把所有的错报都找出来，因此确定重要性水平时可能非常低，甚至为零，包括性质重要的小金额错报。当然，也要考虑审计成本效益原则，这主要依赖于注册会计师的职业判断。

（5）审计资源的调配。注册会计师主要考虑下列事项：一是审计项目组成员的选择以及对项目组成员审计工作的分派，包括向可能存在较高重大违规风险的领域分派具备适当经验的人员；二是项目时间预算，包括为可能存在较高重大违规风险的领域预留适当的工作时间；三是对审计项目组成员的指导、监督以及对其工作进行复核的性质、时间安排和范围，包括预期项目合伙人和经理的复核范围等；四是考虑是否需要对被审计单位的信息系统执行信息系统审计程序；五是考虑信息技术对审计程序的影响，包括数据的可获得性和对使用计算机辅助审计技术的预期；六是考虑实施远程非现场审计的资源安排。

在审计实务中，通常由委托方内部审计机构根据年度经济责任审计计划，组成审计组。审计组由审计组组长、主审和审计组成员组成。审计组组长负责领导审计项目的开展，对审计项目和审计报告负总责；主审负责协助组织开展审计活动，向审计人员分配审计任务，起草审计报告；审计组成员在审计组组长领导和主审督导下根据分工开展工作。在组成审计组的过程中，应当根据被审计单位财政财务收支及资产规模、经济活动特点、经营管理目标以及项目的特定需求等因素，合理配置审计资源，确保审计人员专业能力与被审计领导干部负责的业务相匹配。根据工作需要，配置必要的信息化审计人员，负责收集整理各类结构化或非结构化数据，搭建数据分析平台。如有必要，还可邀请纪检监察、巡视巡察、组织人事等部门（机构）的有关人员参与审计。根据《关于进一步规范经济责任审计工作有关事项的通知》规定，不得将经济责任审计项目整体委托其他组织独立实施，因此，注册会计师在审计组中主要是担任主审和审计组成员的身份。

良好的计划审计工作有助于审计团队系统性地识别并关注审计过程中的关键问题，确保审计目标得以实现，促进审计工作的高效进行。计划审计工作包括针对审计业务制定总体审计策略和具体审计计划。

二、制定总体审计策略

注册会计师应当制定总体审计策略，以确定审计工作的范围、时间安排和方向，并指导具体审计计划的制定。注册会计师在编制审计方案前，应调查了解被审计领导干部及其所在单位的相关情况，主要包括：党和国家有关工作重点、有关主管部门的工作要求；所在单位的发展目标、年度计划及工作重点；被审计领导干部任职期间的职责范围和分管工作；相关法律法规和政策制度；经济环境、行业状况及其他外部因素；管理体制、组织架构、经营范围、主要（工作）业务开展情况；财政、财务收支情况；适用的业绩指标体系及业绩评价情况；内部管理情况；相关信息系统及数据等。同时，应当听取委托方协调机构有关成员部门（机构）的意见，及时了解与被审计领导干部履行经济责任有关的考察考核、群众反映、巡视巡察反馈、组织约谈、函询调查、案件查处结果等情况。在制定总体审计策略时，注册会计师应当考虑按照《中国注册会计师审计准则第1121号——对财务报表审计实施的质量管理》的要求获取信息，并采取下列措施：

（1）确定审计业务的特征，以界定审计范围。如：被审计领导干部所在单位的性质，采用何种会计准则（制度）进行会计核算；被审计领导干部的任职时间，需要延伸的单位数量等；被审计单位是否设立了内部审计，如有，注册会计师是否能够利用内部审计的工作或利用内部审计人员提供协助以实现审计目的，如果能够利用，在哪些领域利用以及在多大程度上利用；对利用在以前审计工作中获取的审计证据（如获取的与风险评估程序和控制测试相关的审计证据）的预期；信息技术对审计程序的影响，包括数据的可获得性和对使用计算机辅助审计技术的预期；协调本次审计工作与以前年度审计或检查所获取信息对本次审计工作的影响；与被审计单位人员时间协调和相关数据的可获得性。

（2）明确审计业务的报告目标，以计划审计的时间安排和所需沟通事项的性质。了解委托方对外报告的时间表，包括中间阶段和最终阶段；与委托方举行会谈，讨论审计工作的性质、时间安排和范围；与委托方讨论注册会计师拟出具的报告时间安排以及沟通的其他事项（口头或书面沟通）；与被审计领导干部和被审计单位管理层讨论预期就整个审计业务中对审计工作的进展进行的沟通；与组成部分注册会计师沟通拟出具的报告的时间安排，以及与组成部分审计相关的其他事项；项目组成员之间沟通的时间安排，包括项目组会议的性质和时间安排，以及复核已执行工作的时间安排；预期是否需要和第三方进行其他沟通，包括与审计相关的法定或约定的报告责任。

（3）根据职业判断，考虑指导项目组工作方向的重要因素，确定审计工作的方向。按照《中国注册会计师审计准则第1221号——计划和执行审计工作时的重要性》的规定确定重要性，并在适用的情况下考虑为组成部分确定重要性并就此与组成部分注册会计师进行沟通；初步识别重要组成部分和重要的交易、账户余额；初步识别可能存在较高重大错报风险的领域；就项目组成员在收集和评价审计证据过程中保持质疑的思维方式和职业怀疑的必要性，向项目组成员进行强调所采用的方式；与会计师事务所内部向被审计单位提供其他服务的人员讨论可能对审计产生影响的事项；根据交易量规模，以确定注册会计师信赖内部控制是否使审计工作更有效率。

(4) 确定执行业务所需资源的性质、时间安排和范围。向具体审计领域调配的资源（人力资源、技术资源或知识资源）的性质。例如，向高风险领域分派经验丰富的项目组成员，或委派专家处理复杂事项；向具体审计领域分配资源的多少。例如，分派到多个地点的参与单位审计的项目组成员人数，向高风险领域分配的审计时间预算等；何时调配这些资源，包括是在期中审计阶段还是在关键的截止日期调配资源等；如何指导、监督这些资源的利用。例如，预期何时召开项目组预备会和总结会，预期项目合伙人和经理如何进行复核（是现场复核还是非现场复核）；项目预算，包括为可能存在较高重大错报风险的领域预留适当的工作时间。

在审计实践中，制定总体审计策略之前需要先了解被审计领导干部及其所在单位的相关情况。

1. 了解被审计领导干部及其所在单位的相关情况，参见示例 3-1：了解被审计领导干部及其所在单位的相关情况。

示例 3-1：了解被审计领导干部及其所在单位的相关情况如表 3-1 所示。

表 3-1　　　　了解被审计领导干部及其所在单位的相关情况

被审计单位		签字		时间		索引号
被审计领导干部		编制人				
审计期间		复核人				
执行的审计工作				执行情况		
党和国家有关工作重点、有关主管部门的工作要求						
所在单位的发展目标、年度计划及工作重点						
被审计领导干部任职期间的职责范围和分管工作						
相关法律法规和政策制度						
经济环境、行业状况及其他外部因素						
管理体制、组织架构、经营范围、主要（工作）业务开展情况						
财政、财务收支情况						
适用的业绩指标体系及业绩评价情况						

续表

执行的审计工作	执行情况
内部管理情况	
相关信息系统及数据等	
了解与被审计领导干部履行经济责任有关的考察考核、群众反映、巡视巡察反馈、组织约谈、函询调查、案件查处结果等情况	
……	

2. 总体审计策略，参见示例3-2：总体审计策略。

示例3-2：总体审计策略如表3-2所示。

表3-2　　　　　　　　　　总体审计策略

被审计单位		签字	时间	索引号
被审计领导干部	编制人			
审计期间	复核人			

一、审计范围

被审计单位名称	现场审计/非现场审计	审计时间

二、审计进度安排

执行的审计工作	时间
计划审计工作	
风险评估程序	
进一步审计程序	
访谈	
形成取证单	
形成报告初稿	
与委托方沟通	
报告复核、修改	
向被审计领导干部和被审计单位征求意见	
……	
出具正式报告	

续表

三、人员安排

事项	职级	姓名	备注
总体审计策略制定			
风险评估程序的执行			
进一步审计程序的执行			
访谈			
编制审计报告			
……			

四、重要性

事项	发生额	重要性金额	备注

五、对专家工作的利用（如适用）

利用领域	专家	主要职责及范围	利用专家工作的原因
……			

总体审计策略一经制定，注册会计师就可以针对总体审计策略中的各个事项制定具体审计计划，并考虑通过有效利用审计资源实现审计目标。总体审计策略为审计工作提供了方向和框架，而具体审计计划则细化了实施步骤和方法。两者之间的关系是动态的，需要根据审计过程中遇到的情况进行相应的调整和优化，以确保审计工作的有效性和效率。

三、编制具体审计计划（审计实施方案）

在总体审计策略下，注册会计师应当制定具体审计计划，具体审计计划比总体审计策略更加详细，内容包括项目组成员拟实施的审计程序的性质、时间安排和范围。计划这些审计程序，会随着具体审计计划的制定逐步深入，并贯穿于审计的整个过程。例如，计划风险评估程序在审计过程的较早阶段进行，而计划进一步审计程序的性质、时间安排和范围，取决于风险评估程序的结果。此外，注册会计师可能先执行与某些类别的交易、账户余额或披露相关的进一步审计程序，再计划其他所有的进一步审计程序。具体审计计划应当包括下列内容：

1. 计划对项目组成员实施指导、监督并复核其工作的性质、时间安排和范围。《中国注册会计师审计准则第1121号——对财务报表审计实施的质量管理》规定：项目合伙人应当负责对审计项目组成员进行指导、监督并复核其工作；项目合伙人应当确定指导、监督和复核的性质、时间安排和范围符合下列要求：按照适用的法律法规和职业准则的规定，以及会计师事务所的政策和程序进行计划和执行；符合审计项目的性质和具体情况，并与会计师事务所向审计项目组分配或提供的资源相匹配。

2. 计划实施的风险评估程序。注册会计师应当实施风险评估程序，为识别和评估财务报表层次和认定层次的重大错报风险提供基础。但是，风险评估程序本身并不能为形成审计意见提供充分、适当的审计证据。风险评估程序应当包括：（1）询问管理层、适当的内部审计人员（如有），以及注册会计师判断认为可能掌握有助于注册会计师识别由于舞弊或错误导致的重大错报风险的信息的被审计单位内部其他人员；（2）分析程序；（3）观察和检查。需要询问的被审计单位内部其他人员，是注册会计师根据判断认为可能拥有某些信息的人员，这些信息有助于识别由于舞弊或错误导致的重大错报风险。

注册会计师应当按照《中国注册会计师审计准则第1211号——重大错报风险的识别和评估》的规定，计划风险评估程序的性质、时间安排和范围。

3. 计划实施的进一步审计程序。注册会计师应当针对评估的认定层次重大错报风险，设计和实施进一步审计程序。在设计拟实施的进一步审计程序时，注册会计师应当重点考虑以下事项：（1）关于被审计领导干部的履职情况，注册会计师可以采用综合性审计方案或实质性审计方案，根据领导干部职责范围，着重围绕党和国家重大经济方针政策、决策部署在本单位贯彻落实情况，本单位发展战略目标、规划、计划实施情况，主责主业开展情况实施审计；（2）关于被审计领导干部任职期间的主要责任问题，注册会计师可以采用综合性审计方案或实质性审计方案，设计相关审计程序以测试与领导干部履职的内部控制有效性，并特别关注是否与领导干部相关，按照"有权必有责、用权必担责、滥权必追责"的要求，同时也要贯彻落实"三个区分开来"重要要求，正确划分领导责任和直接责任。

注册会计师应当按照《中国注册会计师审计准则第1231号——针对评估的重大错报风险采取的应对措施》的规定，计划进一步审计程序，包括控制测试和实质性程序的性质、时间安排和范围。

4. 计划实施的其他审计程序。注册会计师需要根据审计准则的规定，计划需要实施的其他审计程序。计划实施的其他审计程序可以包括上述进一步审计程序中没有涵盖的、根据审计准则的要求注册会计师需要执行的审计程序。

注册会计师在计划经济责任审计工作时需要注意：计划审计工作的性质和范围，因审计业务情况的变化、被审计单位的规模和复杂程度、项目组关键成员以前从被审计单位获得的经验的不同而不同；计划审计工作并非审计业务的一个孤立阶段，而是一个持续的、不断修正的过程，贯穿于整个审计业务的始终。例如，由于未预期事项的存在、条件的变化或通过实施审计程序获取的审计证据等原因，注册会计师可能需要基于修正后的风险评估结果，对总体审计策略和具体审计计划，以及相应的原计划实施的进一步审计程序的性质、时间安排和范围做出修改；会计师事务所项目合伙人和项目组其他关键成员参与计划审计工作，可以利用其经验和见解，提高计划过程的效率和效果。

在审计实务中，注册会计师通常会按照审计组的要求，结合审前调查情况编制审计实施方案，明确审计的目标、范围、内容、程序和方法，审计组成员职责和分工，审计项目进度安排及其他相关要求等，审计过程中如有必要，审计组可调整审计方案，审计方案及其调整情况应当报委托方内部审计机构负责人批准后实施。审计实施方案的主要内容包括：（1）编制的依据；（2）被审计单位的名称和基本情况；（3）审计的目标；（4）审计的范围、内容、重点、方式、具体实施步骤；（5）预定的审计工作起讫日期；（6）重要性的确定及审计风险的评估；（7）审计组组长、审计组成员及其分工；（8）编制人员和日期；（9）其他有关内容。

具体审计计划（审计实施方案）编制参见示例3-3：审计实施方案。

示例3-3：审计实施方案。

关于对〔被审计领导干部所在单位及职务〕×××同志任职期间经济责任履行情况审计实施方案

按照《党政主要领导干部和国有企事业单位主要领导人员经济责任审计规定》，××××会计师事务所接受×××的委托，拟对所属〔被审计领导干部所在单位〕原负责人进行任职期间经济责任审计。为保证本次审计工作的顺利进行，提高审计工作的效率，特制定如下审计工作方案：

一、审计项目基本情况

（一）审计目标

对〔被审计领导干部所在单位〕原负责人进行任职期间经济责任审计，出具审计报告。

（二）审计期间

××××年××月至××××年××月。

（三）被审计单位基本情况

二、审计的范围、内容、重点、方式、具体实施步骤

（一）贯彻执行党和国家经济方针政策、决策部署情况

（二）本部门本单位重要发展规划和政策措施的制定、执行和效果情况

（三）重大经济事项的决策、执行和效果情况

（四）财政财务管理和经济风险防范情况，生态文明建设项目、资金等管理使用和效益情况，以及在预算管理中执行机构编制管理规定情况

（五）在经济活动中落实有关党风廉政建设责任和遵守廉洁从政规定情况

（六）以往审计发现问题的整改情况

（七）其他需要审计的内容

三、审计时间进度安排

（一）审计计划及审前调查阶段

××××年××月××日至××××年××月××日，了解被审计单位情况，进行审前调查，制定工作计划，成立审计工作组，进行审前培训。

（二）现场审计阶段

××××年××月××日至××××年××月××日，根据审计计划和审计要点，实施现场审计，采取包括抽查会计记录、现场盘点、座谈了解等手段，进行现场取证，编制工作底稿。

（三）审计总结阶段

××××年××月××日至××月××日，汇总整理审计工作底稿，与被审计单位初步交换意见，完善审计取证单。

（四）审计报告阶段

××××年××月××日至××日，根据已经确定的审计取证单，草拟审计报告征求意见稿，报委托方审定后，送被审计单位征求意见，如有修改需再次报委托方审定，经审定后出具正式审计报告。

四、审计的人员安排

（一）项目负责人

（二）项目主审

（三）审计助理

五、重要性的确定及审计风险的评估

六、其他

××××会计师事务所

××××年××月××日

四、制发审计通知书

审计实务中,通常情况下,注册会计师需配合委托方内部审计机构向被审计领导干部及其所在单位送达审计通知书。遇有特殊情况,可在审计实施时送达审计通知书。审计通知书的内容主要包括被审计领导干部及单位名称,审计依据,审计目的、范围,审计起始时间,审计组组长及成员名单和被审计领导干部及其所在单位配合审计工作的要求。

审计通知书编制参见示例3-4:审计通知书。

示例3-4:审计通知书。

关于〔被审计领导干部所在单位及职务〕
×××同志任期(或离任)经济责任审计的通知

〔被审计领导干部姓名〕同志并〔被审计领导干部所在单位全称或者规范简称〕:

根据〔行业监管部门和本单位有关经济责任审计的主要制度〕《第2205号内部审计具体准则——经济责任审计》等相关的规定,执行经党委(党组)或主要负责人批准的年度审计项目计划,我部(局、办、处)将派出审计组对×××同志自××××年××月以来任职期间经济责任履行情况进行审计,必要时将追溯到相关年度。现场审计时间自××××年××月××日至××月××日,必要时可适当延长。请予以配合,提供所需资料(含电子数据资料)和必要的工作条件,并对所提供资料的真实性、完整性负责。

审计组成员:

组长:×××

主审:×××

成员:×××、×××、×××、×××

联系人：×××，联系电话：×××××××××

附件：需提供的资料清单

〔内部审计机构全称〕（印章）

××××年××月××日

审计通知书的附件可包括需向审计组提供的资料清单。主要包括：（1）被审计领导干部任职期间履行经济责任情况的述职报告，具体包括领导干部个人的基本情况、所在单位基本情况，领导干部承担的主要职责、任职期间履行职责情况、本人遵守国家财经法纪和执行廉政纪律情况，所在单位及领导干部取得的主要成绩、存在的主要问题，需要特别说明的情况及工作建议等；（2）领导干部任职期间制订的有关工作规划、年度工作计划、年度总结或工作报告，向上级主管部门报送的有关综合和专题汇报材料；（3）领导干部任职期间与履行经济责任相关的会议纪要、会议记录、决议、决定、请示、批示、目标责任书、业务档案、规章制度等；（4）接受审计机关、有关主管部门、社会审计组织等外部审计或检查，以及接受巡视巡察的相关情况报告、结论性文书；以往内部审计、外部审计或检查、巡视巡察发现问题整改情况等资料；（5）涉及重大经济决策事项如重大基本建设项目建设、重大对外投资、借款、资产处置、重大采购、重大业务调整等相关的申报及审批文件资料，以及有关经济合同、协议，评估或验收报告等；（6）任职期间财政预决算资料、财政财务会计核算资料及其有关经济活动资料；（7）任职期间信息系统建设情况，以及相关的电子数据和必要的技术文档；（8）对所提供资料真实性和完整性的书面承诺；（9）审计所需的其他资料。

需向审计组提供的资料清单，参见示例3-5：被审计领导干部所在单位需提供的资料。

示例3-5：被审计领导干部所在单位需提供的材料。

被审计领导干部所在单位需提供的资料

根据《党政主要领导干部和国有企事业单位主要领导人员经济责任审计规定》，请在审计组进点时提供下列资料：

（一）领导干部任职期间制订的有关工作规划、年度工作计划、年度总结或工作报告，向上级主管部门报送的有关综合和专题汇报材料；

（二）领导干部任职期间与履行经济责任相关的会议纪要、会议记录、决议、决定、请示、批示、目标责任书、业务档案、规章制度等；

（三）接受审计机关、有关主管部门、社会审计组织等外部审计或检查，以及接受巡视巡察的相关情况报告、结论性文书；以往内部审计、外部审计或检查、巡视巡察发现问题整改情况等资料；

（四）涉及重大经济决策事项如重大基本建设项目建设、重大对外投资、借款、资产处置、重大采购、重大业务调整等相关的申报及审批文件资料，以及有关经济合同、协议，评估或验收报告等；

（五）任职期间财政预决算资料、财政财务会计核算资料及其有关经济活动资料；

（六）任职期间信息系统建设情况，以及相关的电子数据和必要的技术文档；

（七）对所提供资料真实性和完整性的书面承诺；

（八）审计所需的其他资料。

在所需提供资料清单中，被审计领导干部的述职报告和承诺函因被审计单位情况不同而有所不同，但相应的基本条款必须具备，被审计领导干部述职报告参见示例3-6：被审计领导干部述职报告，承诺函参见示例3-7：被审计领导干部个人承诺函、示例3-8：被审计领导干部所在单位承诺函。

示例 3-6：被审计领导干部述职报告。

×××〔姓名〕同志述职报告

一、基本情况

〔说明：本部分主要反映被审计领导干部任职期限、职责范围和分管的工作。〕

二、主要业务工作开展情况

〔说明：本部分主要包括：(1) 任期内贯彻执行党和国家有关经济方针政策和决策部署、推动所在单位可持续发展情况；(2) 任期内重大经济决策事项、决策过程及其执行效果；(3) 任期内各项工作任务目标完成情况；(4) 重要规章制度及内部控制制度的制定、完善和执行情况；(5) 任职前和任期内重大经济遗留问题及其处理情况等内容。〕

三、党风廉政建设情况

〔说明：本部分主要包括任期内履行推动所在单位党风廉政建设职责和个人遵守廉洁从业规定的情况。〕

四、存在的不足和需要改进的方面

五、其他需要说明的情况

述职人：×××〔述职人本人签字〕

××××年××月××日

示例 3-7：被审计领导干部个人承诺函。

个人承诺函

审计组：

根据《中华人民共和国审计法》第三十四条、《中华人民共和国会计法》第四条和第二十一条、《党政主要领导干部和国有企事业单位主要领导人员经济责任审计规定》第二十六条和第二十七条之规定，在审计期间，我本人愿意按照经济责任审计工作的要求积极配合工作，提供所需要的相关资料和证明材料等，并保证提供资料的真实性与完整性。如发现有提供虚假资料或隐匿相关材料等情况发生，愿承担由此引起的全部责任。

承诺人：
××××年××月××日

示例 3-8：被审计领导干部所在单位承诺函。

单位承诺函

审计组：

鉴于对我单位原负责人〔被审计领导干部姓名〕×××同志进行任职期间经济责任审计，我们对所提供的资料负责，并作如下承诺：

一、本单位提供的会计报表和其他有关会计资料是真实的、完整的，是遵循《中华人民共和国会计法》《政府会计准则》及国家其他有关财务会计法规的规定编制的，公允地反映了本单位的财务状况、运行成果及资金变动情况。

二、本单位业已提供所有相关财务账簿、经济合同、证明文件以及其他重要文件和会议记录等有关资料，保证无遗漏，并对其真实性、完整性、合法性负责。

三、本单位保证所有经济业务已真实、完整地记录在相关会计账目中，没有账外账和"小金库"。

四、对审计小组在审计过程中要求提供的有关调查、核实材料，本单位将按规定时间签署完毕，送交审计小组。

被审计单位（盖章）：
负责人：
财务负责人：
××××年××月××日

第四章

审计准备与控制测试

　　基于经济责任审计的特定目的,与其他审计业务类型相比,经济责任审计有着特定的审计流程和审计方法。会计师事务所在经过初步业务活动,与委托方充分沟通、进行业务承接,确定总体审计策略与计划审计工作后,就应当做好现场审计准备和内部控制测试与评价工作,并为实施进一步审计程序奠定基础。现场审计准备和内部控制测试与评价是执行审计活动的重要环节,包括参加审计进场会议、收集相关资料、内部控制测试与评价、获取审计证据等。内部控制测试与评价直接决定了进一步审计程序实施的范围和重点,并影响审计结果的准确性和可靠性。因此,需要高度的专业性和审慎性。

一、参加审计进场会议

　　实施现场审计时,审计组通常会召开由审计组主要成员、被审计领导干部及其所在单位相关人员参加的进场会议,安排审计工作有关事项。协调机构有关成员(部门或机构)根据工作需要可以派人参加。注册会计师作为审计组成员,应该参加进场会议。

　　被审计领导干部一般应当就其任职期间履行经济责任的情况进行现场述职(确实无法现场述职的,也可以仅提供书面述职材料)。审计组通常在被审计单位公示审计项目名称、审计纪律要求和举报电话等内容。

具体审计公示格式参见示例 4-1：审计公示。

示例 4-1：审计公示。

审 计 公 示

根据《中华人民共和国审计法》和中共中央办公厅、国务院办公厅印发的《党政主要领导干部和国有企事业单位主要领导人员经济责任审计规定》，以及《×××规定》（×××号），经×××批准，×××派出审计组，自20××年××月××日起，对×××同志××××年××月至××××年××月任职期间履行经济责任情况进行审计，必要时将追溯到以前年度或延伸审计有关单位。

根据要求，现将本次审计情况进行公示，审计组设有意见反馈箱，有关部门、单位及个人如有意见和建议，可以投递至意见箱进行反馈。同时请大家对审计组的工作进行监督。

审计组办公地址：

审计组现场联系人姓名：

审计组现场联系电话：

××××审计组
20××年××月××日

二、收集相关资料

审计组正式进场后，应指定专人与被审计单位确定的配合审计的部门（机构）人员进行协调，就审计通知书所附资料清单中列示的有关资料进行交接，如果有必要，填写"非涉密审计业务资料交接清单""审计工作涉密资料'零持有'报告"，按照"审计资料交接清单"，做好相关资料的签收、登记和组内分发工作。随着审计工作的深入开展，可根据需要要求被审计领导干部及其所在单位继续提供有关补充资料。审计组对于接收的所有纸质及电子资料和数据，负有保密责任的，应出具"保密承诺书"。

具体工作底稿参见示例4-2：非涉密审计业务资料交接清单、示例4-3：审计工作涉密资料"零持有"报告（如需要），或示例4-4：审计资料交接清单以及示例4-5：保密承诺书。

示例4-2：非涉密审计业务资料交接清单如表4-1所示。

表4-1　　　　　　非涉密审计业务资料交接清单

序号	资料内容	形式（纸质/电子）	审计组接收人	接收时间	被审单位资料提供人	联系方式	是否需要返还	被审单位资料接收人	返还时间
1									
2									
3									

示例4-3：审计工作涉密资料"零持有"报告。

审计工作涉密资料"零持有"报告

本人严格按照保密工作规定，已全部清退　年　月　日至　年　月　日，在×××单位开展经济责任审计工作期间的所有涉密资料（含复印件、电子版），做到了"零持有"。如违反规定导致泄密情况发生，自愿接受组织处理。

报告人签名：

年　月　日

示例 4-4：审计资料交接清单如表 4-2 所示。

表 4-2　　　　　　　　　审计资料交接清单

送审资料名称	计量单位	数量	备注

说明：

审计组：　　　　　　　　　　　　　被审计单位：

接收人：　　　　　　　　　　　　　移交人：

　　　　年　月　日　　　　　　　　　　　　　　年　月　日

移交人：　　　　　　　　　　　　　接收人：

　　　　年　月　日　　　　　　　　　　　　　　年　月　日

注：此表一式两份，交接双方各执一份。

示例 4-5：保密承诺书。

保密承诺书

我作为×××单位经济责任审计组工作人员，了解有关保密法规制度，知悉应当承担的保密义务和法律责任。我郑重承诺：

一、认真遵守国家保密法律、法规、规章和保密制度，严格履行保密义务。

二、不以任何方式泄露所接触和知悉的国家秘密和工作秘密。未经单位审查批准，不擅自发表涉及尚未公开工作的文章、著述。

三、不提供虚假个人信息，自愿接受保密审查。发现针对本人的渗透、策反行为及其他可能影响国家秘密安全的情况时，及时报告。

四、不擅自改变计算机及其外部设备的涉密属性和使用责任人，不擅自接入设备或改变防护和管理措施。

五、审计工作结束后主动及时清退涉密文件、资料、移动存储介质等涉密载体。

六、违反上述承诺，自愿承担党纪、政纪责任和法律后果。

以下黑体部分由承诺人抄写：

上述所有条款本人已仔细阅读，明白无误并严格遵守。

承诺人签字：　　　　　　　　　　　　　　　年　月　日

三、内部控制测试与评价

注册会计师应当对被审计单位的内部控制进行测试与评价，目的主要在于了解被审计单位制度建设及监管方面所做的工作、取得的管理成效，合理界定被审计领导干部因内部控制不健全、执行不严格引发相关问题所应承担的责任。作为一项审计程序和方法，需要审计人员在内部控制测试的基础上，依据职业判断，确定审计策略。通过对内部控制的评价，确定不依赖内部控制的领域，应采取有效措施，合理安排审计资源，直接进行实质性测试，并扩大审计取证范围。确定依赖其内部控制的领域，应通过观察、询问、审查资料、穿行测试等方法，对内部控制从业务和功能两个方面进行符合性测试，评价其健全性、有效性，合理确定实质性测试的范围和重点。实务中，注册会计师可以通过访谈、调查问卷、实地查验等方式对内部控制设计的合理性和运行的有效性进行测试和评价，加强内控体系监督检查，揭示存在的风险隐患和内控缺陷。

（一）测试和评价内部控制设计的合理性

注册会计师应重点关注为实现控制目标所必需的内部控制制度或程序是否建立且设计恰当，包括内部控制的设计是否以《行政事业单位内部控制规范（试行）》为依据；是否涵盖了所有的关键业务环节，对单位的各层级是否具有普遍约束力；是否与单位的业务模式、风险状况和合规管理要求相匹配等。

1. 内部环境。被审计单位是否建立适合本单位实际情况的内部控制体系并组织实施,具体工作包括梳理单位各类经济活动的业务流程,明确业务环节,系统分析经济活动风险,确定风险点,选择风险应对策略,在此基础上根据国家有关规定建立健全单位各项内部管理制度并督促相关工作人员认真执行。内部控制是否贯穿单位经济活动的决策、执行和监督全过程,实现对经济活动的全面控制;是否在全面控制的基础上,关注单位重要经济活动和经济活动的重大风险;是否在单位内部的部门管理、职责分工、业务流程等方面形成相互制约和相互监督;内部控制是否符合国家有关规定和单位的实际情况,并随着外部环境的变化、单位经济活动的调整和管理要求的提高,不断修订和完善。

具体工作底稿参见示例4-6:内部环境情况评价表及示例4-7:内部控制制度建立健全情况审核表。

示例4-6:内部环境情况评价表如表4-3所示。

表4-3　　　　　　　　　内部环境情况评价表

被审计单位:		编制人:	日期:	索引号:
被审计领导干部:				
审计期间:		复核人:	日期:	页次:
内控要素	主要内容	评价情况		备注
控制环境	1. 是否建立适合本单位实际情况的内部控制体系并组织实施			
	2. 内部控制是否贯穿单位经济活动的决策、执行和监督全过程,实现对经济活动的全面控制			
	3. 是否在全面控制的基础上,关注单位重要经济活动和经济活动的重大风险			
	4. 是否在单位内部的部门管理、职责分工、业务流程等方面形成相互制约和相互监督			

续表

内控要素	主要内容	评价情况	备注
控制环境	5. 内部控制是否符合国家有关规定和单位的实际情况,并随着外部环境的变化、单位经济活动的调整和管理要求的提高,不断修订和完善		

审计说明:

审计结论:

示例4-7:内部控制制度建立健全情况审核表如表4-4所示。

表4-4　　　　内部控制制度建立健全情况审核表

被审计单位:		编制人:	日期:	索引号:
被审计领导干部:				
审计期间:		复核人:	日期:	页次

序号	审查制度内容	内控制度名称	制度生效日期	是否与有关法律法规冲突	是否有效执行
1	预算管理制度				
2	财务管理制度				
3	政府采购管理制度				
4	资产管理制度				
5	建设项目管理制度				
6	合同管理制度				
7	信息化管理制度				
8	内部审计制度				

审计说明:

审计结论:

2. 风险评估。测试和评价被审计单位是否建立了经济活动风险定期评估机制,对经济活动存在的风险进行全面、系统和客观评估。经济活动风险评估是否至少每年进行一次;外部环境、经济活动或管理要求等发生重大变化的,是否及时对经济活动风险进行重估。

具体工作底稿参见示例4-8:风险评估情况评价表。

示例4-8:风险评估情况评价表如表4-5所示。

表4-5　　　　　　　　　风险评估情况评价表

被审计单位:			
被审计领导干部:	编制人:	日期:	索引号:
审计期间:	复核人:	日期:	页次:
内控要素	主要内容	评价情况	备注
风险评估	1. 是否建立了经济活动风险定期评估机制,对经济活动存在的风险进行全面、系统和客观评估		
	2. 是否至少每年进行一次		
	3. 外部环境、经济活动或管理要求等发生重大变化的,是否及时对经济活动风险进行重估		

审计说明:

审计结论:

3. 控制活动。测试和评价被审计单位是否对各项经营活动实施全过程控制,包括内部控制活动是否有助于单位党委(党组)、主要负责人的决策得以执行,是否能够满足风险管理要求;是否实施不相容职务分离控制,系统地分析、梳理业务流程中所涉及的不相容岗位和部门,形成各司其职、各负其责、相互制约的工作机制;是否建立授权审批控制,明确各岗位办理业务和事项的权限范围、审批程序和相应责任;是否建立会计系统控制,明确会计凭证、会计账簿和财务会计报告的处理程序,保证会计资料真实完整;是否建立财产保护控制措施,包括建立财产日常管理制度和定期清查制度等;是否建立预算控制,强化预算约束;是否建立绩效考评控制,科学设置考核指标体系;是否建立信息系统控制制度,确保信息系统安全可靠；是否建立关联交易控制制度，防止利益让渡和虚假交易等；是否建立风险预警和突发事件应急控制，确保突发事件得到及时妥善处理等。

具体工作底稿参见示例4-9：控制活动情况评价表。

示例4-9：控制活动情况评价表如表4-6所示。

表4-6　　　　　　　　　　控制活动情况评价表

被审计单位：		编制人：	日期：	索引号：
被审计领导干部：				
审计期间：		复核人：	日期：	页次：
内控要素	主要内容	评价情况		备注
控制活动	1. 是否对各项经营活动实施全过程控制，包括内部控制活动是否有助于单位党委（党组）、主要负责人的决策得以执行，是否能够满足风险管理要求			
	2. 是否实施不相容职务分离控制，系统地分析、梳理业务流程中所涉及的不相容岗位和部门，形成各司其职、各负其责、相互制约的工作机制			
	3. 是否建立授权审批控制，明确各岗位办理业务和事项的权限范围、审批程序和相应责任			
	4. 是否建立会计系统控制，明确会计凭证、会计账簿和财务会计报告的处理程序，保证会计资料真实完整			
	5. 是否建立财产保护控制措施，包括建立财产日常管理制度和定期清查制度等			
	6. 是否建立预算控制，强化预算约束			

续表

内控要素	主要内容	评价情况	备注
控制活动	7. 是否建立绩效考评控制，科学设置考核指标体系		
	8. 是否建立信息系统控制制度，确保信息系统安全可靠		
	9. 是否建立关联交易控制制度，防止利益让渡和虚假交易等		
	10. 是否建立风险预警和突发事件应急控制，确保突发事件得到及时妥善处理等		

审计说明：

审计结论：

4. 信息与沟通。测试和评价被审计单位是否建立信息与沟通制度，明确内部控制相关信息的收集、处理和传递程序，确保信息及时沟通；是否建立信息质量保证机制，准确提供单位管理和控制业务活动所需信息；是否建立内部控制相关信息在单位内部各管理级次、责任单位、业务环节之间，以及单位与外部有关方面之间进行沟通和反馈的机制；是否建立规范的信息披露制度，满足监管等部门和社会公众对信息的需求；是否建立反舞弊机制以及举报投诉制度和举报人保护制度等。

具体工作底稿参见示例 4-10：信息与沟通情况评价表。

示例 4-10：信息与沟通情况评价表如表 4-7 所示。

表 4-7　　　　　　　　　信息与沟通情况评价表

被审计单位：		编制人：	日期：	索引号：
被审计领导干部：				
审计期间：		复核人：	日期：	页次：

续表

内控要素	主要内容	评价情况	备注
信息与沟通	1. 是否建立信息与沟通制度，明确内部控制相关信息的收集、处理和传递程序，确保信息及时沟通		
	2. 是否建立信息质量保证机制，准确提供单位管理和控制业务活动所需信息		
	3. 是否建立内部控制相关信息在单位内部各管理级次、责任单位、业务环节之间，以及单位与外部有关方面之间进行沟通和反馈的机制		
	4. 是否建立规范的信息披露制度，满足监管等部门和社会公众对信息的需求		
	5. 是否建立反舞弊机制以及举报投诉制度和举报人保护制度等		

审计说明：

审计结论：

5. 内部监督。测试和评价被审计单位是否建立健全内部监督制度，明确各相关部门或岗位在内部监督中的职责权限，规定内部监督的程序和要求，对内部控制建立与实施情况进行内部监督检查和自我评价；内部监督是否与内部控制的建立和实施保持相对独立；被审计单位内部审计部门或岗位是否定期或不定期检查单位内部管理制度和机制的建立与执行情况，以及内部控制关键岗位及人员的设置情况等，及时发现内部控制存在的问题并提出改进建议；被审计单位是否根据本单位实际情况确定内部监督检查的方法、范围和频率等。被审计领导干部是否指定专门部门或专人负责对单位内部控制的有效性进行评价并出具单位内部控制自我评价报告等。

具体工作底稿参见示例 4-11：内部监督情况评价表。

示例 4-11：内部监督情况评价表如表 4-8 所示。

表 4-8　　　　　　　　　　内部监督情况评价表

被审计单位：		编制人：	日期：	索引号：
被审计领导干部：				
审计期间：		复核人：	日期：	页次：
内控要素	主要内容	评价情况		备注
内部监督	1. 是否建立健全内部监督制度，明确各相关部门或岗位在内部监督中的职责权限，规定内部监督的程序和要求，对内部控制建立与实施情况进行内部监督检查和自我评价			
	2. 内部监督是否与内部控制的建立和实施保持相对独立			
	3. 被审计单位内部审计部门或岗位是否定期或不定期检查单位内部管理制度和机制的建立与执行情况，以及内部控制关键岗位及人员的设置情况等，及时发现内部控制存在的问题并提出改进建议			
	4. 被审计单位是否根据本单位实际情况确定内部监督检查的方法、范围和频率等			
	5. 被审计领导干部是否指定专门部门或专人负责对单位内部控制的有效性进行评价并出具单位内部控制自我评价报告等			

审计说明：

审计结论：

(二) 测试和评价内部控制运行的有效性

注册会计师应重点关注在内部控制设计合理性的前提下,被审计单位内部控制能否按照设计的内部控制制度和程序正确执行,从而为内部控制目标的实现提供合理保证,包括对内部环境的实际运行情况,日常经营管理过程中的风险识别、风险分析、应对策略,相关控制措施的运行情况,信息收集、处理和传递的及时性、反舞弊机制的健全性、财务报告的真实性、信息系统的安全性,以及内部监督机制在内部控制运行中发挥监督作用等方面进行评价。

在审计实践中,注册会计师主要是通过执行穿行测试程序测试内部控制运行是否有效。穿行测试是通过追踪交易在财务报告信息系统中的处理过程,来证实注册会计师对控制的了解、评价控制设计的有效性以及确定控制是否得到执行。针对上述不同业务循环中的具体业务流程,注册会计师可以选择一笔或几笔交易进行穿行测试,以追踪交易从发生到最终被反映在报表中的整个处理过程,并考虑之前对相关控制的了解是否正确和完整,确定相关控制是否得到有效执行;可以通过询问执行业务流程和控制的相关人员,并根据需要检查有关单据和文件,询问其对已发现违规的处理等,评价相关控制设计是否合理和是否得到执行,以确定进一步审计程序。

具体工作底稿参见示例 4-12:内部控制运行有效性测试表。

示例 4-12:内部控制运行有效性测试表如表 4-9 所示。

表 4-9　　　　　　　　内部控制运行有效性测试表

被审计单位:		编制人:		编制日期:		索引号:	
被审计领导干部:							
审计期间:		复核人:		复核日期:		页次:	
序号	业务名称	测试控制点	需检查文件	实际检查情况	文件号/凭证号	评价	
						设计合理	执行有效

续表

序号	业务名称	测试控制点	需检查文件	实际检查情况	文件号/凭证号	评价	
						设计合理	执行有效

审计说明：

审计结论：

值得注意的是，穿行测试与控制测试是有区别的。穿行测试是追踪交易在财务报告信息系统中的处理过程，注册会计师选取一笔或很少几笔交易了解其如何生成、记录、处理和报告，采用询问、观察、检查等方面以确定是否与之前了解的一样，以及是否得到执行，通常是针对交易循环进行穿行测试。如注册会计师选取一笔有代表性的交易，按交易的流程采用询问、观察、检查的方法来追踪这笔交易如何生成、如何记录，交易流程的相关内部控制是如何控制这项交易的，从而判断内部控制是否和先前了解的一样。而控制测试是测试控制运行的有效性，控制运行有效性强调的是控制能够在各个不同的时点按照既定设计得以一贯执行。控制测试是为了确定被审计单位控制政策和程序的设计与执行是否完整与有效而实施的审计程序。注册会计师在了解被审计单位的内部控制之后，只有对那些准备依赖的内部控制执行控制测试，并确信其得到正确的执行时，才能减少实质性测试审计程序，从而减少审计取证工作，提高审计工作的效率。

四、获取审计证据

通常情况下，为获取审计证据，注册会计师可以实施包括询问、检查、观察、函证、重新计算、重新执行和分析程序，并将其用作风险评估程序、控制测试或实质性程序。尽管询问可以提供重要的审计证据，甚至可以提供某项错报的证据，但询问本身通常并不能为认定层次不存在重大错报和内部控制运行的有效性提供充分的审计证据，注册会计师通常将这些程序进行组合运用。如果一项测试所提供的审计证据在与已获取的或拟获取的其他审计证据一并考虑时能够充分满足审计目的，则该项测试是有效的。在选取测试项目时，要求注册会计师确定用作审计证据的信息的相关性和可靠性，而测试的有效性的另一方面（充分性）在选取测试项目时也需要重点考虑。

行政事业单位领导人经济责任审计具有综合性、全面性以及与个人履职相关等特殊性，单一的审计技术方法难以实现审计目标，需要综合运用各类常规审计方法，以及采用更适合经济责任审计特点的取证和分析方法。实践中，行政事业单位领导人经济责任审计经常采用调查访谈、查阅分析、重点核查、归纳提炼等审计方法，并运用信息化手段和大数据分析，获取相关、可靠和充分的审计证据，加强跨行业、跨领域数据的综合比对和关联分析，以实现对被审计领导干部履职情况全面客观评价并揭示问题、认定责任的目标。注册会计师可通过调阅相关数据资料、访谈相关人员、执行穿行测试等审计程序，充分运用信息技术方法，发现审计线索，获取审计证据，形成初步审计结论。在获取审计证据过程中，要始终关注相关行为和结果背后权力运行的轨迹，以及被审计领导干部在其中所起的作用和应承担的责任，避免问题与责任脱节。审计过程中，发现重大的问题线索应当及时向委托方汇报，委托方可以考虑向党委（党组）或上级请示汇报。

（一）调查访谈

调查访谈是审计人员通过广泛走访和倾听，全面收集和了解单位内部各层级人员对被审计领导干部履职情况的综合评价，掌握履职特点、履职业绩、经营管理和个人廉洁从业方面的问题线索。

调查访谈可以通过问卷调查、设立征求意见箱和举报电话、个别谈话和座谈会等方式开展。问卷调查能够快速、全面地了解相关部门和各层级人员对被审计领导干部及其所在单位的意见，且调查结果容易量化，便于统计处理与分析。问卷设计应简明清晰、符合逻辑、不宜过长，可以采用封闭式题目和开放式题目相结合的方式。设立征求意见箱和举报电话，可以发挥群众监督作用，掌握相关线索，便于后续深入核实。设置意见箱和举报电话前应向全体员工充分告知，意见箱摆放地点要醒目，为意见反馈人员和举报人员保密。

个别谈话和座谈会等访谈方式，能够与被访谈者进行深入充分和有针对性的交流，获取更全面的信息。访谈开始前，审计人员应厘清访谈目的，拟定访谈提纲，并可根据访谈对象的层级、部门等特征进行分层分类座谈，制定差异化的访谈策略。如：对领导班子成员进行访谈，应主要了解被审计领导干部在日常工作中与班子成员之间分工与配合情况，在重大决策过程中是否充分尊重和听取班子成员意见，是否存在"一言堂""独断专行"等情况，被审计领导干部对所在单位发展战略方向上的引领是否存在偏差，所在单位是否存在重大风险隐患等；对中层管理人员进行访谈，主要了解被审计领导干部在相关业务推进过程中方向是否清晰，被审计领导干部推进的相关工作举措是否符合业务实际，是否取得良好效果，在业务管理工作中是否存在潜在的风险隐患等；对一般业务人员进行访谈，主要了解员工对被审计领导干部以及领导班子的满意度，是否存在员工反响较大的问题，以及相关意见建议等。

访谈过程中，应注意方式方法，营造轻松氛围，认真倾听，不放过任何线索和疑点；要善于提问，通常情况下间接提出问题更容易获取相关信息；应充分关注受访者的语调、面部表情、肢体语言等非语言行为传达的信息。访谈结束后，及时整理访谈记录。在开展意见征集和访谈过程中，可向委托方或被审计单位纪检监察部门了解被审计领导干部有无重大问题举报和案件遗留问题，向组织人事部门了解是否存在其他需要引起注意的问题。对于各类调查访谈中获得的信息和线索，审计人员应结合专业判断和后续审计程序进行有效甄别和事实界定，形成客观公正的调查结论。

具体工作底稿参见示例4-13：个人廉洁勤政情况调查问卷或示例4-14：廉洁自律情况调查表及示例4-15：审计谈话记录。

示例 4-13：个人廉洁勤政情况调查问卷。

关于×××同志任职期间个人廉洁勤政情况调查问卷

根据×××单位要求及国家对领导干部任期经济责任审计的有关规定，审计组正在对×××同志任职期间履行经济责任的情况进行审计。为了全面了解和正确评价×××同志履职情况和个人廉政情况等，特向您征求意见。请您认真回答下述问题（不署名），可选择回答："好、较好、一般、差"（打勾），如发现×××同志存在违规违纪问题也可单独反映。我们将根据您反映的情况和问题认真进行审计落实，并为您保密。

一、×××同志任职期间的履职情况如何？

（好、较好、一般、差）

二、×××同志任职期间的个人廉政情况如何？

（好、较好、一般、差）

三、×××同志任职期间是否存在盲目决策、个人经济等方面的问题？

（是、否、不知道）

四、需要向审计组反映的其他问题（可向审计组单独反映）。

联系方式：　　　　　　　　邮箱：

示例 4-14：廉洁自律情况调查表如表 4-10 所示。

表 4-10　　×××同志任职期间廉洁自律情况调查表　　单位：元

序号	项目	执行结果				
		时间	实际收入金额	申报收入金额	应缴金额	实缴金额
1	个人所得税代扣代缴情况					

续表

序号	项目	执行结果			
2	用公款开支应由个人负担的费用情况	时间	内容		退还
3	在公务活动中接受礼金礼品情况	时间	内容	金额或数量	处理情况
4	出国考察费用报销情况	时间	批准出访国家名称	实际国家名称	批准出国天数	实际出国天数	支出费用	报销单位
5	办公用房及标准情况	地点		可以享受面积	实际居住面积	超标面积
6	工作用车情况	起止时间	品牌		排气量
7	应归还未归还公物情况	项目	数量	出借单位	备注
8	其他情况				

审核人：　　　　　填表人：　　　　　填表日期：

示例 4-15：审计谈话记录。

审计谈话记录

一、时间：20××年××月××日××点

二、地点：×××

三、谈话主题：×××同志经济责任履行情况

四、谈话对象：

五、参加人员

六、谈话内容

（一）×××党委和领导班子贯彻落实党组决策部署情况

（二）×××同志在重大经济事项决策方面履行责任情况

（三）×××同志对单位内部风险防控方面的经济责任履行情况

（二）查阅分析

查阅分析是通过查看被审计领导干部及其所在单位经营管理相关的各类文档资料，分析各类业务及管理数据，核实确认被审计领导干部的经营管理重点、履职业绩，锁定存在的主要问题领域。

查阅分析文档资料主要包括但不限于：（1）相关内部规章制度；（2）战略规划；（3）工作计划；（4）工作报告；（5）会议纪要；（6）会计资料；（7）经济合同；（8）统计数据；（9）考核结果；（10）述职报告等与履行经济责任相关的资料。确认被审计领导干部贯彻执行党和国家重大经济方针政策、战略规划的制定和执行、重大经济事项决策、主要经营管理理念和措施等情况。

分析业务及管理数据主要包括但不限于：（1）财务数据；（2）业务数据；（3）管理数据等可比指标。通过对当前指标与历史指标、计划指标与实际指标、自身指标与同业指标、存在逻辑关系的多个指标相互间的比较分析，多维度了解被审计单位及其业务发展情况，发现数据异动，识别潜在问题线索，确定下一步核查重点。在分析前，审计人员还需要采取适

当审计程序验证数据的准确性。

（三）重点核查

重点核查是对与被审计领导干部履职相关的重点业务、项目等具体管理事项进行抽样核查或定向核查，确定管理事项的真实性、合规性和效率性。被审计领导干部通常负责整个单位或某业务管理领域的全面工作，业务范围广、管理事项多，逐项核查或大比例抽样难以实现。实践中，需依据重要性和履职相关性原则，结合其他审计程序已识别的风险领域，进行有针对性的重点核查。

抽样核查主要针对被审计领导干部决策权限范围内的重大决策、重大项目安排、大额资金运作、重要人事任免事项等具体事项进行抽样，特别是被审计领导干部直接参与的重大事项。审计人员可根据专业判断确定具体抽样比例和抽样方式。定向核查主要针对其他审计程序已识别的或内外部检查已披露的风险事项进行延伸审计和核查。在具体事项核查过程中，需综合运用分析程序、检查、观察、函证、重新计算、重新执行等多种常规审计方法，还应充分利用外部可用数据或公开信息对核查事项进行比较验证，确保更深入客观地揭示被审计领导干部履职存在的问题。在无法对跨界跨域数据进行全部审计的情况下，审计抽查强调要达到一定的覆盖率，防止以偏概全。

注册会计师选取核查项目的方法包括：选取全部项目（100%检查）；选取特定项目；审计抽样。采用上述一种方法或几种方法的组合都可能是适当的，这取决于具体情况以及不同方法的实用性和效率。

1. 选取全部项目。注册会计师可能认为检查构成某类交易或账户余额的项目的总体（或总体中的一层）将是最恰当的。在下列情况下，100%检查可能是适当的：（1）总体由少量的大额项目构成；（2）存在特别风险且其他方法未提供充分、适当的审计证据；（3）由于信息系统自动执行的计算或其他程序具有重复性，对全部项目进行检查符合成本效益原则。对全部项目进行检查，通常更适用于细节测试。

2. 选取特定项目。根据对被审计单位的了解、评估的重大错报风险和所测试总体的特征等,注册会计师可能决定从总体中选取特定项目。选取特定项目的判断还取决于非抽样风险。选取的特定项目可能包括:(1)大额或关键项目。注册会计师可能决定在总体中选取特定项目,因为其金额重大或者显示某些其他特征(可疑的、异常的、尤其容易有风险的或者曾经出错的项目)。(2)超过某一金额的全部项目。注册会计师可能决定检查记录金额超过某一设定金额的所有项目,从而验证某类交易或账户余额的大部分金额。(3)被用于获取某些信息的项目。注册会计师可能通过检查某些项目以获取被审计单位的性质或交易的性质等事项的信息,虽然从某类交易或账户余额中选取特定项目进行检查通常是获取审计证据的有效手段,但并不构成审计抽样。对按照这种方法所选取的项目实施审计程序的结果,不能推断至整个总体。因此,选取特定项目的检查不能为总体中剩余的部分提供审计证据。

3. 审计抽样。注册会计师对具有审计相关性的总体中低于百分之百的项目实施审计程序,使所有抽样单元都有被选取的机会,为注册会计师针对整个总体得出结论提供合理基础。审计抽样旨在基于对样本的测试,从而形成对总体的结论。《中国注册会计师审计准则第1314号——审计抽样》及其应用指南指出,在设计审计样本时,注册会计师应当考虑审计程序的目的和抽样总体的特征。注册会计师应当确定足够的样本规模,以将抽样风险降至可接受的低水平。注册会计师应当对样本结果、使用审计抽样是否已为注册会计师针对所测试的总体得出的结论提供合理基础进行评价。

(四)归纳提炼

归纳提炼是在对所获取到的与被审计领导干部及其所在单位相关的各类材料系统梳理、总结的基础上,直接运用或结合其他审计程序,形成审计报告素材和结论的方法。为提升审计质量,在行政事业单位领导人经济责任审计开展的过程中,应充分利用日常各类检查监督成果,将各类内外部专项检查、日常监测中发现的问题整理、分析和提炼，充分发挥监督检查合力，节约审计资源，提高审计效率，确保经济责任审计反映问题的全面性和充分性。

由于经济责任审计是对领导干部履职的综合评价，审计人员在审计过程中应善于将各类业务审计发现与领导干部个人履职相结合；善于从各类文字材料和业务数据中归纳提炼被审计领导干部及其所在单位的主要履职工作思路、工作特色、工作成效，最终形成对被审计领导干部的客观履职评价。

第五章

进一步审计程序

进一步审计程序在整个审计过程中充当着桥梁的作用,不仅联接审计工作的初步业务活动与完成审计工作阶段,也是确保审计过程的质量和有效性,帮助注册会计师形成全面、准确的审计意见,从而为增强行政事业单位经济效益和经济责任履行提供保障。根据《党政主要领导干部和国有企事业单位主要领导人员经济责任审计规定》,行政事业单位领导干部经济责任审计的进一步审计程序包括:审计贯彻执行党和国家经济方针政策与决策部署情况、本部门本单位重要发展规划和政策措施的制定与执行和效果情况、重大经济事项的决策与执行和效果情况、财政财务管理和经济风险防范情况、生态文明建设项目与资金等管理使用和效益情况,以及在预算管理中执行机构编制管理规定情况、在经济活动中落实有关党风廉政建设责任和遵守廉洁从政规定情况、以往审计发现问题的整改情况、其他需要审计的内容等。

一、贯彻执行党和国家经济方针政策、决策部署情况的审计

党和国家经济方针政策及决策部署(以下简称"重大政策措施"),主要是指党和国家重大战略、重大规划、重大宏观调控政策、重大改革任

务、重大项目等经济方针政策及决策部署,党和国家领导人对部门(系统、行业)作出的重要批示指示等。重大政策措施既包括党中央、国务院出台的重大政策措施,也包括各级党委、政府以及主管部门为贯彻落实党和国家重大政策措施,结合各自领域工作实际出台的配套政策措施。

贯彻执行重大政策措施情况审计的目标是通过对被审计领导干部任职期间贯彻执行重大政策措施情况的审查和评价,揭示和反映与被审计领导干部相关的履职不到位、失职渎职等问题,促进领导干部积极、有效履职,防范由此带来的风险,推动重大政策措施在被审计单位落实到位。审计应重点关注是否存在被审计领导干部及其所在单位贯彻执行重大政策措施不坚决、不全面、不到位等情况。

针对上述审计目标和审计重点,注册会计师可以分别从贯彻执行重大政策措施的部署安排、落实和实施效果等方面实施以下程序:

(一)贯彻执行重大政策措施的部署安排情况

1. 审核被审计领导干部部署安排的及时性和务实性。重点审查被审计领导干部是否为其所在单位贯彻执行重大政策措施进行了部署和具体安排,是否组织制定了实施方案;相关部署和制定实施方案是否及时,内容是否具体务实,是否存在召开会议、下发文件等形式上的部署措施多而实质性的落实举措少的问题,是否存在不作为、慢作为、乱作为的情况。

2. 审核实施方案的遵循性、健全性和可行性。重点审查贯彻落实重大政策措施实施方案的内容是否符合党和国家经济方针政策和决策部署的要求,是否存在贯彻执行政策措施打折扣、做选择、搞变通的情况;实施方案是否明确了贯彻执行重大政策措施的时间表、路线图和阶段性目标;是否在结合单位实际制定出台贯彻执行重大政策措施的配套政策措施方面做出具体工作安排,如包括专门制定或修改完善相关的发展规划、工作计划、规章制度,建立相应领导、管理和监督机制,提供资金、机构人员、场地和物资保障等;实施方案是否做到工作任务、措施方法、职责分配、质量要求具体明确,具体措施具有可操作性。

3. 审核实施方案制定是否通过适当的程序。重点审查为制定贯彻执行重大政策措施的实施方案是否充分开展了调查研究、充分进行了论证和广泛征求意见；是否采用了集体决策、审批控制或其他适当的决策程序，确保方案内容符合法律法规、上级决策部署和被审计单位发展实际。

具体工作底稿参见示例5-1：贯彻执行重大政策措施部署安排情况审核表及示例5-2：出台的各项措施和政策情况审核表。

示例5-1：贯彻执行重大政策措施部署安排情况审核表如表5-1所示。

表5-1　　　贯彻执行重大政策措施部署安排情况审核表

被审计单位：		编制人：	日期：	索引号：
被审计领导干部：				
审计期间：		复核人：	日期：	页次：
主要内容	重点关注	审核情况		备注
一、部署安排的及时性和务实性	1. 被审计领导干部是否为其所在单位贯彻执行重大政策措施进行了部署和具体安排，是否组织制定了实施方案			
	2. 相关部署和制定实施方案是否及时，内容是否具体务实，是否存在召开会议、下发文件等形式上的部署措施多而实质性的落实举措少的问题，是否存在不作为、慢作为、乱作为的情况			
	3. 是否存在不作为、慢作为、乱作为的情况 ……			
二、实施方案的遵循性、健全性和可行性	1. 贯彻落实重大政策措施实施方案的内容是否符合党和国家经济方针政策和决策部署的要求，是否存在贯彻执行政策措施打折扣、做选择、搞变通的情况			

续表

主要内容	重点关注	审核情况	备注
二、实施方案的遵循性、健全性和可行性	2. 实施方案是否明确了贯彻执行重大政策措施的时间表、路线图和阶段性目标		
	3. 是否在结合单位实际制定出台贯彻执行重大政策措施的配套政策措施方面做出具体工作安排，如包括专门制定或修改完善相关的发展规划、工作计划、规章制度；建立相应领导、管理和监督机制；提供资金、机构人员、场地和物资保障等		
	4. 实施方案是否做到工作任务、措施方法、职责分配、质量要求具体明确，具体措施具有可操作性		
	……		
三、实施方案制定是否通过适当的程序	1. 为制定贯彻执行重大政策措施的实施方案是否充分开展了调查研究、充分进行了论证和广泛征求意见		
	2. 是否采用了集体决策、审批控制或其他适当的决策程序，确保方案内容符合法律法规、上级决策部署和被审计单位发展实际		
	……		

审计说明：

审计结论：

示例 5-2：出台的各项措施和政策情况审核表如表 5-2 所示。

表 5-2　　　　　　　出台的各项措施和政策情况审核表

被审计单位：			编制人：	日期：	索引号：
被审计领导干部：					
审计期间：			复核人：	日期：	页次：
序号	年度	措施政策名称	文号	相关法律渊源/上级政策	是否存在差异	备注
1						
2						
3						
4						
5						

审计说明：

审计结论：

（二）贯彻执行重大政策措施具体安排的落实情况

1. 审核落实情况。重点审查被审计领导干部是否认真落实了贯彻执行重大政策措施的实施方案，确定方案的相关工作制度机制和具体措施是否得到执行，责任是否落实到位；是否存在方案落实过程中的打折扣、做选择、搞变通的现象；是否存在表态多、调门高、行动少、落实差等形式主义、官僚主义现象，避免简单依据是否及时召开会议、及时下发文件等形式上的措施评价实施方案落实情况。

2. 审核是否建立监督机制。重点审查被审计领导干部是否建立贯彻执行过程评价分析机制，结合执行目标和效果及最新政策变化，及时有效纠正有偏差的措施；是否建立并落实监督检查机制，明确监督检查责任、内容和频次要求，对具体措施执行情况实施有效的监督检查，并逐级汇报贯彻执行过程中遇到的问题及建议；是否建立了责任追究机制，对贯彻执行不力造成不良影响的责任人追究到位。

具体工作底稿参见示例5-3：贯彻执行重大政策措施具体安排落实情况审核表及示例5-4：办理党和国家以及上级主管部门的批示和交办事项审核表。

示例5-3：贯彻执行重大政策措施具体安排落实情况审核表如表5-3所示。

表5-3　　　　贯彻执行重大政策措施具体安排落实情况审核表

被审计单位：		编制人：	日期：	索引号：
被审计领导干部：				
审计期间：		复核人：	日期：	页次：
主要内容	重点关注	审核情况		备注
一、是否落实到位	1. 是否认真落实贯彻执行重大政策措施的实施方案，确定方案的相关工作制度机制和具体措施是否得到执行，责任是否落实到位			
	2. 是否存在方案落实过程中的打折扣、做选择、搞变通的现象			
	3. 是否存在表态多、调门高、行动少、落实差等形式主义、官僚主义现象，避免简单依据是否及时召开会议、及时下发文件等形式上的措施评价实施方案落实情况			
	……			
二、是否建立监督机制	1. 是否建立贯彻执行过程评价分析机制，结合执行目标和效果及最新政策变化，及时有效纠正有偏差的措施			
	2. 是否建立并落实监督检查机制，明确监督检查责任、内容和频次要求，对具体措施执行情况实施有效的监督检查，并逐级汇报贯彻执行过程中遇到的问题及建议			

续表

主要内容	重点关注	审核情况	备注
二、是否建立监督机制	3. 是否建立了责任追究机制，对贯彻执行不力造成不良影响的责任人追究到位		
	……		

审计说明：

审计结论：

示例 5-4：办理党和国家以及上级主管部门的批示和交办事项审核表如表 5-4 所示。

表 5-4　办理党和国家以及上级主管部门的批示和交办事项审核表

被审计单位：			编制人：	日期：	索引号：
被审计领导干部：					
审计期间：			复核人：	日期：	页次：
序号	年度	上级交办任务	交办时间	任务期限	完成时间	备注
1						
2						
3						
4						
5						

审计说明：

审计结论：

（三）贯彻执行重大政策措施具体安排的实施效果

1. 重点审查贯彻执行重大政策措施实施方案确定的工作任务、时间进度、完成目标等是否达到了预设的标准。

2. 重点审查通过落实贯彻执行重大政策措施的实施方案，被审计单位的工作是否符合党和国家出台重大政策措施的预期；是否结合经济特点、自然环境等情况创新性地开展工作，取得良好的政策落实效果；是否形成可推广、可复制的推动经济社会发展进步的良好经验。

3. 重点审查重大政策措施落实对被审计单位的影响，是否做到在不损害国家利益的前提下，维护了被审计单位的长远发展利益，确保某些政策措施落实给单位带来的不利影响降到了可承受的限度之内，力争实现国家利益与单位利益的双赢，推动被审计单位的可持续发展。

具体工作底稿参见示例 5-5：贯彻执行重大政策措施具体安排实施效果审核表、示例 5-6：主体责任履行情况审核表及示例 5-7：有关经济方针、决策部署落实情况审核表。

示例 5-5：贯彻执行重大政策措施具体安排实施效果审核表如表 5-5 所示。

表 5-5　　贯彻执行重大政策措施具体安排实施效果审核表

被审计单位： 被审计领导干部： 审计期间：		编制人：　　日期：　　索引号： 复核人：　　日期：　　页次：	
主要内容	重点关注	审核情况	备注
一、是否达到了预设的标准	贯彻执行重大政策措施实施方案确定的工作任务、时间进度、完成目标等是否达到了预设的标准 ……		
二、是否取得了良好效果	1. 通过落实贯彻执行重大政策措施的实施方案，被审计单位的工作是否符合党和国家出台重大政策措施的预期		
	2. 是否结合经济特点、自然环境等情况创新性地开展工作，取得良好的政策落实效果		
	3. 是否形成可推广、可复制的推动经济社会发展进步的良好经验 ……		

续表

主要内容	重点关注	审核情况	备注
三、是否可持续发展	重大政策措施落实对被审计单位的影响,是否做到在不损害国家利益的前提下,维护被审计单位的长远发展利益,确保某些政策措施落实给单位带来的不利影响降到了可承受的限度之内,力争实现国家利益与单位利益的双赢,推动被审计单位的可持续发展		
	……		

审计说明:

审计结论:

示例 5-6:主体责任履行情况审核表如表 5-6 所示。

表 5-6　　　　　主体责任履行情况审核表

被审计单位:			编制人:	日期:	索引号:
被审计领导干部:					
审计期间:			复核人:	日期:	页次:

序号	年度	主体责任内容	细化情况——阶段性目标	细化情况——完成时间表	是否履行	备注
1						
2						
3						
4						
5						

审计说明:

审计结论:

示例 5-7：有关经济方针、决策部署落实情况审核表如表 5-7 所示。

表 5-7　　　　　有关经济方针、决策部署落实情况审核表

被审计单位：			编制人：	日期：	索引号：
被审计领导干部：					
审计期间：			复核人：	日期：	页次：
序号	年度	上级经济相关方针政策	被审计单位落实情况	政策执行效果	是否落实	备注
1						
2						
3						
4						
5						

审计说明：

审计结论：

二、本部门本单位重要发展规划和政策措施的制定、执行和效果情况审计

发展战略规划制定及执行情况审计主要通过对被审计领导干部任职期间所在单位自身战略规划的制定、执行和实施效果开展检查，评价其在符合国家规划、产业政策和上级单位战略规划要求的前提下，制定战略规划、分解落实阶段性任务、采取有效措施保证完成目标任务和效果方面的履职情况。

（一）发展战略规划制定情况

1. 审核战略规划制定程序。重点审查被审计领导干部在战略规划制定上是否开展了充分调查研究、科学分析预测和广泛征求意见，遵循民主讨论和集体决策等程序。

2. 审核战略规划是否符合国家战略规划、产业政策等要求，是否与上级单位（部门、系统、行业）制定的战略规划目标一致，是否综合考虑了宏观经济、政治、社会、生态政策、国内外市场需求变化、技术发展趋势、行业及竞争对手状况、可利用资源水平和自身优势与劣势等影响因素。

3. 审核战略规划是否明确发展的阶段性和发展程度，各发展阶段的具体目标、工作任务和实施职责是否清晰。在外部环境发生变化时，是否及时对战略规划进行调整和更新。

具体工作底稿参见示例5-8：发展战略规划制定情况审核表。

示例5-8：发展战略规划制定情况审核表如表5-8所示。

表5-8 发展战略规划制定情况审核表

被审计单位：		编制人：	日期：	索引号：
被审计领导干部：				
审计期间：		复核人：	日期：	页次：
主要内容	重点关注	审核情况		备注
发展战略规划制定情况	1. 战略规划制定是否开展了充分调查研究、科学分析预测和广泛征求意见，遵循民主讨论和集体决策等程序			
	2. 战略规划是否符合国家战略规划、产业政策等要求，是否与上级单位（部门、系统、行业）制定的战略规划目标一致，是否综合考虑了宏观经济、政治、社会、生态政策、国内外市场需求变化、技术发展趋势、行业及竞争对手状况、可利用资源水平和自身优势与劣势等影响因素			

续表

主要内容	重点关注	审核情况	备注
发展战略规划制定情况	3. 战略规划是否明确发展的阶段性和发展程度，各发展阶段的具体目标、工作任务和实施职责是否清晰。在外部环境发生变化时，是否及时对战略规划进行调整和更新		
	……		

审计说明：

审计结论：

（二）发展战略规划执行情况

1. 审核是否通过发布规章制度、制定年度工作计划、编制全面预算等方式推进规划落地，确保上级单位（部门、系统、行业）及被审计单位制定的战略规划有效实施。

2. 审核是否严格执行各项规划，是否存在随意调整战略规划等情况，对战略规划确需作出调整的，是否按照规定权限和程序调整。

3. 审核是否建立督办机制，通过逐级开展督查和考评，定期开展监控和报告，推进目标责任制的完成，针对目标责任制落实不力的实际情况，是否进行原因分析，持续改进并追究责任。

具体工作底稿参见示例 5-9：发展战略规划执行情况审核表及示例 5-10：重要发展规划、政策措施制定完成情况审核表。

示例 5-9：发展战略规划执行情况审核表如表 5-9 所示。

表 5-9　　　　　　　发展战略规划执行情况审核表

被审计单位：	编制人：	日期：	索引号：
被审计领导干部：			
审计期间：	复核人：	日期：	页次：

续表

主要内容	重点关注	审核情况	备注
发展战略规划执行情况	1. 是否通过发布规章制度、制定年度工作计划、编制全面预算等方式推进规划落地,确保上级单位(部门、系统、行业)及被审计单位制定的战略规划有效实施		
	2. 是否严格执行各项规划,是否存在随意调整战略规划等情况。对战略规划确需作出调整的,是否按照规定权限和程序调整		
	3. 是否建立督办机制,通过逐级开展督查和考评,定期开展监控和报告,推进目标责任制的完成,针对目标责任制落实不力的实际情况,是否进行原因分析,持续改进并追究责任 ……		

审计说明:

审计结论:

示例 5–10:重要发展规划、政策措施制定完成情况审核表如表 5–10 所示。

表 5–10　　重要发展规划、政策措施制定完成情况审核表

被审计单位: 被审计领导干部: 审计期间:				编制人:	日期:	索引号:
				复核人:	日期:	页次:
序号	年度	规划措施政策名称	文号	是否符合相关要求	是否实现目标	备注
1						
2						

续表

序号	年度	规划措施政策名称	文号	是否符合相关要求	是否实现目标	备注
3						
4						
5						

审计说明：

审计结论：

（三）发展战略规划的实施效果

1. 审核被审计领导干部任职期间战略规划的阶段性目标任务是否按期保质完成，是否达到预期效果，实现预期目标。

2. 审核是否存在因不符合国家规划及产业政策调整方向或监督失职导致规划执行不到位，造成重大资金或资产（资源）闲置或损失浪费、侵占或损害群众利益、破坏生态环境以及损害公共利益等严重后果。

具体工作底稿编制参见示例 5-11：发展战略规划实施效果审核表、示例 5-12：十三五、十四五任务完成情况审核表，以及示例 5-13：目标责任制完成情况审核表。

示例 5-11：发展战略规划实施效果审核表如表 5-11 所示。

表 5-11　　　　　　　　发展战略规划实施效果审核表

被审计单位： 被审计领导干部： 审计期间：		编制人： 复核人：	日期： 日期：	索引号： 页次：
主要内容	重点关注	审核情况		备注
发展战略规划的实施效果	1. 领导干部任职期间战略规划的阶段性目标任务是否按期保质完成，是否达到预期效果，实现预期目标			

续表

主要内容	重点关注	审核情况	备注
发展战略规划的实施效果	2. 是否存在因不符合国家规划及产业政策调整方向，或监督失职导致规划执行不到位，造成重大资金或资产（资源）闲置或损失浪费、侵占或损害群众利益、破坏生态环境以及损害公共利益等严重后果		
	……		

审计说明：

审计结论：

示例 5-12：十三五、十四五任务完成情况审核表如表 5-12 所示。

表 5-12　　　　十三五、十四五任务完成情况审核表

被审计单位：		编制人：	日期：	索引号：
被审计领导干部：				
审计期间：		复核人：	日期：	页次
序号	年度	规划中任务名称	任务具体内容	完成情况	取得效果	备注
1						
2						
3						
4						
5						

审计说明：

审计结论：

示例 5-13：目标责任制完成情况审核表如表 5-13 所示。

表 5-13　　　　　　　　目标责任制完成情况审核表

被审计单位：			编制人：	日期：	索引号：
被审计领导干部：					
审计期间：			复核人：	日期：	页次：

序号	年度	目标责任制任务名称（折子工程/办实事项目）	任务具体内容	完成情况	取得效果	备注
1						
2						
3						
4						
5						

审计说明：

审计结论：

三、重大经济事项的决策、执行和效果情况

重大经济事项决策及执行情况审计主要围绕事关发展方向及全局等性质重要、涉及数量重大或支出超过一定金额起点（结合单位性质、规模确定）的项目和相关重大事项，对被审计领导干部贯彻执行重大经济事项决策制度和执行效果情况开展审查评价。具体包括重大预算管理、重大基本建设、重大采购项目、重大投资项目（包含境外投资）、重大资产处置、大额资金运作使用的决策和执行情况等。[①]

[①] 1996 年第十四届中央纪委第六次全会公报中对党员领导干部在政治纪律方面提出要求，"三重一大"即"重大事项决策、重要干部任免、重要项目安排、大额资金的使用，必须经集体讨论作出决定"。

（一）重大经济决策管理情况

1. 审核重大经济决策制度建立健全情况。重点关注被审计单位是否建立健全重大经济决策制度，包括预决算管理、基本建设、大额对外投资、大额物资采购、大额资产处置、大额度资金运作使用、监督检查和责任追究等；是否对重大经济事项的决策程序、范围、权限和标准作出明确规定；制定的经济决策制度是否符合国家法律法规、产业政策等要求，是否符合单位内部管理制度等要求，是否存在超过其风险容忍度的重大风险。

2. 审核重大经济决策制定及执行情况。重点关注被审计领导干部是否严格遵循单位决策程序等规章制度，决策事项是否经过充分论证，决策内容是否合规合法，决策程序和权限是否合规，是否存在决策程序不明确、权限不清晰、重大经济事项未纳入决策范围等问题；对执行过程、进度的监管、评价和纠偏措施是否有效；被审计领导干部有无违反集体决策原则，违反相关规定直接插手、干预重大经济事项的执行等问题。

3. 审核重大经济决策执行效果情况。重点关注被审计单位重大经济决策事项是否按期完成，是否实现预期目标，包括数量、质量、成本、功能、效益等各项目标或任务；是否因决策不当或失误造成损失浪费、环境破坏、风险隐患等；是否建立健全决策失误纠错机制和责任追究制度等。

审计实践中，可通过梳理形成领导干部任职期间重大经济决策事项清单等方式，确保重点突出、指向清晰、任务落实。重大经济事项决策效果会通过一些资料或事项来体现，我们通过对与之关联的资料和事项进行审计，就能看到决策是否合规合法，是否达到了预期目的。具体包括：

（1）通过对被审计单位发文登记簿的审核，搜集被审计单位出台的与审计相关文件，搜集审计需要的会议记录纪要、工作总结、单位制定的议事规则、议事规程、工作规则及相关制度等其他文书资料。通过对这些资料的审计，梳理出制定的规章制度和相关年度的重大经济决策事项，看重大事项的决策过程，核查决策内容、决策程序是否合规，决策事项是否经过充分论证，是否存在未经集体决策、决策程序不规范、应决策而久拖不决等问题，来印证重大经济决策机制体制建立和执行效果情况，决策监督检查制度是否发挥作用。

（2）通过对财务资料的审计，关注重大经济决策事项运作全过程，查看其运行状况、执行效果及资金筹集、管理、使用和绩效情况，看是否存在因决策失误造成国有资产（资金、资源）严重闲置或损失浪费问题，从项目资金的效率、效益和效果来证明重大经济决策事项的科学性和正确性。

（3）查看项目资料，掌握决策上马的项目全貌，看是否符合国家宏观调控政策，是否属于禁止类和限制类项目，是否属于低水平重复建设领域，是否采用了落后和淘汰的生产工艺和技术装备；通过现场调查，审核项目进展情况，看是否按规划、按计划推进项目建设，看工作开展绩效是否达到预期，是否存在盲目决策、决策不当、决策失误等造成损失浪费、环境破坏、风险隐患等后果情况。

具体底稿编制参见示例 5-14：重大经济决策管理情况审核表及示例 5-15：重大经济决策民主决策会议情况审核表。

示例 5-14：重大经济决策管理情况审核表如表 5-14 所示。

表 5-14　　　　　　　　重大经济决策管理情况审核表

被审计单位：		编制人：	日期：	索引号：
被审计领导干部：				
审计期间：		复核人：	日期：	页次：
主要内容	重点关注	审核情况		备注
一、重大经济决策制度建立健全情况	1. 关注被审计单位是否建立健全重大经济决策制度，包括预决算管理、基本建设、大额对外投资、大额物资采购、大额资产处置、大额度资金运作使用、监督检查和责任追究等			
	2. 关注是否对重大经济事项的决策程序、范围、权限和标准作出明确规定			

续表

主要内容	重点关注	审核情况	备注
一、重大经济决策制度建立健全情况	3. 关注制定的经济决策制度是否符合国家法律法规、产业政策等要求，是否符合单位内部管理制度等要求，是否存在超过其风险容忍度的重大风险 ……		
二、重大经济决策制定及执行情况	1. 关注被审计领导干部是否严格遵循单位决策程序等规章制度，决策事项是否经过充分论证，决策内容是否合规合法，决策程序和权限是否合规，是否存在决策程序不明确、权限不清晰、重大经济事项未纳入决策范围等问题		
	2. 关注对执行过程、进度的监管、评价和纠偏措施是否有效		
	3. 关注被审计领导干部有无违反集体决策原则，违反相关规定直接插手、干预重大经济事项的执行等问题 ……		
三、重大经济决策执行效果情况	1. 关注被审计单位重大经济决策事项是否按期完成，是否实现预期目标，包括数量、质量、成本、功能、效益等各项目标或任务		
	2. 关注是否因决策不当或失误造成损失浪费、环境破坏、风险隐患等		
	3. 关注是否建立健全决策失误纠错机制和责任追究制度等 ……		

审计说明：

审计结论：

示例 5-15：重大经济决策民主决策会议情况审核表如表 5-15 所示。

表 5-15　　　　　　重大经济决策民主决策会议情况审核表

被审计单位：			编制人：	日期：	索引号：
被审计领导干部：					
审计期间：			复核人：	日期：	页次：
序号	年度	需上领导办公会讨论会议类别	需上会讨论经济事项数量	实际上会数量	未上会数量	备注
1						
2						
3						
4						
5						

审计说明：

审计结论：

（二）重大预算管理决策和执行情况

行政事业单位预算管理是财政部门同行政事业单位的主管部门之间，行政事业单位的主管部门同所属的行政事业部门之间关于财政资金的分配使用，领拨缴销的方法、形式，以及责任、权力与利益划分的基本组织制度。预算、决算的编制、审查、批准、监督，以及预算的执行和调整，需要依据《中华人民共和国预算法》执行。当前我国正在施行的预算法是2018年12月29日第十三届全国人民代表大会常务委员会第七次会议修正后的预算法，是对1994年颁布的预算法的修正、补充和完善。预算执行审计是财政预算执行审计的基础，主要包括预算编制情况审计、预算批复情况审计、基本支出预算情况审计、项目支出预算情况审计、决算（草案）编报质量情况审计、结转和结余情况审计、部门非税收入征缴情况审计等。

针对行政事业单位领导干部经济责任审计，主要关注重大预算管理决策机制是否健全,预算编制是否科学,是否存在不编制预算或程序不合规,导致预算缺乏刚性、执行不力等情况;是否制定了预算管理的相关制度,预算是否有效执行,是否按时间进度完成目标,是否存在预算目标不合理,导致资源浪费或发展战略难以实现的情况;在环境发生重大变化时,是否及时采取措施调整,调整程序是否合规等。

具体工作底稿编制参见示例5-16:重大预算管理决策和执行情况审核表。

示例5-16:重大预算管理决策和执行情况审核表如表5-16所示。

表5-16　　　　重大预算管理决策和执行情况审核表

被审计单位:					
被审计领导干部:		编制人:	日期:	索引号:	
审计期间:		复核人:	日期:	页次:	
主要内容	重点关注	审核情况		备注	
重大预算管理决策和执行	1. 关注重大预算管理决策机制是否健全,预算编制是否科学,是否存在不编制预算或程序不合规,导致预算缺乏刚性、执行不力等情况				
	2. 关注是否制定了预算管理的相关制度,预算是否有效执行,是否按时间进度完成目标,是否存在预算目标不合理,导致资源浪费或发展战略难以实现的情况				
	3. 关注在环境发生重大变化时,是否及时采取措施调整,调整程序是否合规等				
	……				

审计说明:

审计结论:

（三）重大基本建设决策和执行情况

基本建设审计是对基本建设领域的经济行为、会计资料、投资的经济效益和社会效益以及投资管理活动所进行的审核、稽查。基本建设审计的内容，按照基本建设程序划分，包括基本建设可行性研究审计、计划任务书审计、基本建设勘察设计审计、基本建设预算审计、基本建设计划审计、基本建设资金筹措及使用审计、施工生产审计、投资效益审计、基本建设财务决算与竣工决算审计等。对于行政事业单位，一般包括基建工程和修缮工程（包括房屋、建筑物的新建、扩建、改建、维护、装饰、安装、道路、绿化、运动场地、通信及网络等工程）项目从投资立项到竣工决算各阶段经济管理的真实性、合法性、效益性所进行的审查和评价。

针对行政事业单位领导干部经济责任审计，重点关注重大基本建设决策事项前期管理工作是否扎实，是否具备经批准的基本建设计划，是否取得相关土地、环保等部门的批文，立项论证和可行性研究等工作是否科学合理，有无项目论证脱离实际、擅自变更设计等情况；决策程序是否健全，有无因简化决策程序、领导干部滥用职权造成重大损失的情况；是否存在以"化整为零"等方式规避审批和招标等现象，招标过程是否合法合规，是否存在领导干部干预的行为；承建单位是否具备必要资质和能力，有无违法转包、分包现象；项目建设质量是否合格，工程进度及其调整是否科学合理，是否按规定编报竣工决算，是否存在建设项目长期未进行竣工决算等问题；项目建设和运行效果是否实现预定目标，有无重复建设、违规建设楼堂馆所等情况。

具体工作底稿编制参见示例5-17：重大基本建设决策和执行情况审核表及示例5-18：重大基建项目管理情况审核表。

示例5-17：重大基本建设决策和执行情况审核表如表5-17所示。

表 5-17　　　　　重大基本建设决策和执行情况审核表

被审计单位：		编制人：	日期：	索引号：
被审计领导干部：				
审计期间：		复核人：	日期：	页次：
主要内容	重点关注	审核情况		备注
重大基本建设决策和执行	1. 关注重大基本建设决策事项前期管理工作是否扎实，是否具备经批准的基本建设计划，是否取得相关土地、环保等部门的批文，立项论证和可行性研究等工作是否科学合理，有无项目论证脱离实际、擅自变更设计等情况			
	2. 关注决策程序是否健全，有无因简化决策程序、领导干部滥用职权造成重大损失的情况			
	3. 关注是否存在以"化整为零"等方式规避审批和招标等现象，招标过程是否合法合规，是否存在领导干部干预的行为			
	4. 关注承建单位是否具备必要资质和能力，有无违法转包、分包现象			
	5. 关注项目建设质量是否合格，工程进度及其调整是否科学合理，是否按规定编报竣工决算，是否存在建设项目长期未进行竣工决算等问题			
	6. 关注项目建设和运行效果是否实现预定目标，有无重复建设、违规建设楼堂馆所等情况			
	……			

审计说明：

审计结论：

示例 5-18：重大基建项目管理情况审核表如表 5-18 所示。

表 5-18　　　　　　　　重大基建项目管理情况审核表

被审计单位：		编制人：	日期：	索引号：
被审计领导干部：				
审计期间：		复核人：	日期：	页次：

序号	审查内容	项目1	项目2	项目3	……
1	基建项目名称				
2	项目投资金额（万元）				
3	是否经过充分可行性研究				
4	是否经过集体会议讨论进行科学民主决策				
5	是否存在不招标、为规避公开招投标将建设工程"化整为零"或围标串标情况				
6	是否存在不履行或者不正确履行建设工程项目管理职责情况				
7	是否存在施工单位转包或违法分包工程的情况				
8	是否存在领导干部干预或者插手建设工程，进行利益输送情况				
9	是否存在未批先建、先开工后立项、未落实合规资金来源即开工、要求施工单位带资承包、"打白条"等新增拖欠账款的情况				
10	是否存在挪用、转移、侵占、出借建设资金问题				
11	是否存在未按合同约定提前支付工程款情况				
12	其他问题				

审计说明：

审计结论：

(四) 重大采购项目决策和执行情况

采购项目审计是指对从采购规划到合同管理的整个采购过程进行系统的审查。行政事业单位主要是采用政府采购的方式，政府采购是指各级政府为了开展日常政务活动或为公众提供服务，在财政的监督下，以法定的方式、方法和程序，通过公开招标、公平竞争，由财政部门以直接向供应商付款的方式，从国内、外市场上为政府部门或所属团体购买货物、工程和劳务的行为，其实质是市场竞争机制与财政支出管理的有机结合，其主要特点就是对政府采购行为进行法制化的管理。政府采购主要以招标采购、有限竞争性采购和竞争性谈判为主。随着政府采购"放管服"改革不断深化，集中采购目录内项目逐步减少、限额标准大幅提高，相对应单位自行采购项目数量与金额逐步增加。自行采购，主要是指使用财政性资金去采购列入政府采购目录但未达到集中采购限额标准的项目、未列入政府采购目录且未达到分散采购限额标准的项目以及未达到集中采购限额标准的项目。自行采购作为政府集中采购、分散采购的有效补充模式，具有程序简单、灵活便捷、自主选择、提高效率等优势，但对应而来的就是采购计划、采购目标、采购对象、采购方式过于盲目和主观，采购过程缺乏有效监管，采购质量没有跟踪问效等劣势。集中目录和限额外的自行采购由于缺乏规范监督，存在较多不规范行为。审计实践中经常发现，自行采购存在"化整为零"、未执行询价等谈判程序、集体决策制度执行不到位、采购质量较差、未制定单位采购内部控制制度等问题，不利于节约财政资金、提高使用效益。

针对行政事业单位领导干部经济责任审计，重点关注被审计单位是否依据《中华人民共和国招标投标法》等相关法律法规制定大额采购管理制度，重大采购项目是否履行了规定的决策程序，是否按规定招标并订立合同；是否存在围标、内外串通虚假招投标、中标价格与实际采购价格相差悬殊、出现重大安全事故或因质量问题遭受损失、中标单位或供货单位存在异常的项目；未列入年度采购计划进行临时采购的重大项目等情况。

具体工作底稿编制参见示例 5-19：重大采购项目决策和执行情况审核表及示例 5-20：重大采购项目审核表。

示例 5-19：重大采购项目决策和执行情况审核表如表 5-19 所示。

表 5-19　　　　　　　重大采购项目决策和执行情况审核表

被审计单位：		编制人：	日期：	索引号：
被审计领导干部：				
审计期间：		复核人：	日期：	页次：
主要内容	重点关注	审核情况		备注
重大采购项目决策和执行	1. 关注被审计单位是否依据《中华人民共和国招标投标法》等相关法律法规制定大额采购管理制度，重大采购项目是否履行了规定的决策程序，是否按规定招标并订立合同			
	2. 关注是否存在围标、内外串通虚假招投标、中标价格与实际采购价格相差悬殊、出现重大安全事故或因质量问题遭受损失、中标单位或供货单位存在异常的项目			
	3. 关注是否存在未列入年度采购计划进行临时采购的重大项目等情况			
	……			

审计说明：

审计结论：

示例 5-20：重大采购项目审核表如表 5-20 所示。

表 5-20 重大采购项目审核表

被审计单位：			编制人：	日期：	索引号：
被审计领导干部：					
审计期间：			复核人：	日期：	页次：
序号	年度	应进行政采或招投标项目	是否进行政采或招投标	是否按合同执行	有无提前付款	备注
1						
2						
3						
4						
5						

审计说明：

审计结论：

（五）重大投资项目决策和执行情况

政府重大投资项目财政投入大，耗用资源多，与国计民生关系密切，社会关注度高，在很大程度上决定着经济发展的速度、规模、质量和效益，决定着经济能否又好又快发展。这些投资是否合规、高效使用，建设项目能否顺利实施，直接关系到中央宏观调控政策的实施效果，关系到经济发展方式的转变，关系到经济社会可持续发展，关系到反腐倡廉建设。政府重大投资项目的特点是投资额度大，建设周期长，社会关注度高，主要涉及国家利益、公共利益的重点公共基础设施项目和民生项目。主要包括：全部使用财政资金或者以财政资金投入为主建设的重大工程项目；主要使用政府部门管理的或者受政府委托管理的公共资金建设的重大工程项目等。近年来，中央和地方政府投入巨大财力，启动数万亿的政府投资建设项目，意在拉动内需，促进国民经济又好又快地发展。面对庞大的政府投资建设项目，如何做好审计工作，发挥好审计"免疫系统"功能，是审计机关的工作重点。政府投资项目重点审计以下内容：履行基本建设程序情况，投资控制和资金管理使用情况，项目建设管理情况，有关政策措施执行和规划实施情况，工程质量情况，设备、物资和材料采购情况，土地利用和征地拆迁情况，环境保护情况，工程造价情况，投资绩效情况等；关注项目决策程序是否合规，有无因决策失误和重复建设造成重大损失浪费等问题，注重揭示和查处工程建设领域中的重大违法违规问题和经济犯罪线索，促进反腐倡廉建设；注重揭示投资管理体制、机制和制度方面的问题。

针对行政事业单位领导干部经济责任审计，重点关注决策过程是否科学民主，重大投资项目是否符合国家产业政策，是否围绕主业布局，投资结构是否合理；可行性研究是否充分、准确，资金筹措等技术方案是否经济合理，经济效益分析是否准确；项目执行是否合法、合规，是否严格按照重大投资项目决策文件执行，有无决策未执行、未全部执行等问题，项目执行过程中是否进行了必要的内部监督；项目最终执行效果是否实现项目目标，是否存在投资决策失误，引发盲目扩张导致资金链断裂或资金使用效益低下等造成严重后果的情况。

具体工作底稿编制参见示例 5-21：重大投资项目决策和执行情况审核表及示例 5-22：重大投资项目审核表。

示例 5-21：重大投资项目决策和执行情况审核表如表 5-21 所示。

表 5-21　　　　重大投资项目决策和执行情况审核表

被审计单位：		编制人：	日期：	索引号：
被审计领导干部：				
审计期间：		复核人：	日期：	页次：
主要内容	重点关注	审核情况		备注
重大投资项目决策和执行	1. 关注决策过程是否科学民主，重大投资项目是否符合国家产业政策，是否围绕主业布局，投资结构是否合理			

续表

主要内容	重点关注	审核情况	备注
重大投资项目决策和执行	2. 关注可行性研究是否充分、准确，资金筹措等技术方案是否经济合理，经济效益分析是否准确		
	3. 关注项目执行是否合法、合规，是否严格按照重大投资项目决策文件执行，有无决策未执行、未全部执行等问题，项目执行过程中是否进行了必要的内部监督		
	4. 关注项目最终执行效果是否实现项目目标，是否存在投资决策失误，引发盲目扩张导致资金链断裂或资金使用效益低下等造成严重后果的情况		
	……		

审计说明：

审计结论：

示例 5-22：重大投资项目审核表如表 5-22 所示。

表 5-22　　　　　　　　重大投资项目审核表

被审计单位：				编制人：	日期：	索引号：
被审计领导干部：						
审计期间：				复核人：	日期：	页次：
序号	年度	重大投资项目名称	金额	项目绩效目标	完成情况	备注
1						
2	是否存在重大投资项目决策不到位的情况					
3	是否存在因决策不当或者失误造成损失浪费的情况					
4	是否存在因决策不当或者失误造成环境破坏问题					

续表

序号	年度	重大投资项目名称	金额	项目绩效目标	完成情况	备注
5		是否存在因决策不当或者失误造成风险隐患的情况				
6		发现的其他决策执行问题				

审计说明：

审计结论：

（六）重大资产处置决策和执行情况

行政事业性国有资产是我国国有资产的重要组成部分，是政府部门行使国家权利、管理国家事务、提供公共服务的物质基础和重要保障。对行政事业性国有资产管理情况实施审计一般从以下方面入手：

首先，关于资产的取得，一般有三种方式，即自购自建、社会捐赠、上级调入。审计应重点关注如土地、房屋、车辆、设备器材等大型资产的产权权属情况，新增资产建设和购置的立项审批、建设程序审批、预算审批、政府采购审批等程序是否合规、合法，会计记录所需要的原始凭证、合同文书、验收报告等资料是否真实、完整、合法，会计账务处理是否准确、规范，资产入库验收，特别是自建项目竣工验收手续是否齐全，新增资产是否保值增值，有无因决策失误造成重大资产损失浪费的问题，有无弄虚作假套取财政资金谋取私利的问题，有无利用账外资金购置资产搞体外循环形成资产流失的问题，有无顶风作案建设楼堂馆所的问题。

其次，关于资产的使用，主要关注资产领用保管是否登记台账，有无闲置资产，资产是否定期维护，是否设置资产资金明细账及实物卡片，并有专兼职人员管理，资产的出租出借是否规范，收入所得是否上缴同级财政，资产减少时是否及时处置资产并规范办理报批手续，进行账务处理，是否定期清查盘点资产做到家底清楚，账、卡、实相符，无资产流失等问题，资产盘盈盘亏是否进行账务处理，有无变相处置盘盈资产形成小金库或发放福利性资金等问题。

最后,关于资产的处置,行政事业单位资产的处置一般有三种形式,即报废、变卖、调出。不论哪种方式处置,都需要经国有资产管理部门批准,主要审查固定资产报废、变卖、调出是否按程序办理审批,有无未经批准擅自核销资产,资产处置收入是否按规定上缴同级财政等。

针对行政事业单位领导干部经济责任审计,重点关注重大资产处置决策程序和内容是否符合国家及有关部门、单位内部管理规定,是否进行可行性论证,是否经有关部门批准,资产评估机构是否具备相应资质,资产评估程序是否规范;处置执行是否合法、合规,是否严格执行决策文件有关要求;处置手续是否完整,实物、价值转移以及会计处理是否符合有关规定;处置结果是否达到决策目标,是否存在人为干预而造成资产损失或流失等行为。

具体工作底稿编制参见示例5-23:重大资产处置决策和执行情况审核表及示例5-24:重大国有资产处置情况审核表。

示例5-23:重大资产处置决策和执行情况审核表如表5-23所示。

表5-23　　　　重大资产处置决策和执行情况审核表

被审计单位:		编制人:	日期:	索引号:
被审计领导干部:				
审计期间:		复核人:	日期:	页次:
主要内容	重点关注	审核情况		备注
重大资产处置决策和执行	1. 关注重大资产处置决策程序和内容是否符合国家及有关部门、单位内部管理规定,是否进行可行性论证,是否经有关部门批准,资产评估机构是否具备相应资质,资产评估程序是否规范			
	2. 关注处置执行是否合法、合规,是否严格执行决策文件有关要求			
	3. 关注处置手续是否完整,实物、价值转移以及会计处理是否符合有关规定			

续表

主要内容	重点关注	审核情况	备注
重大资产处置决策和执行	4. 关注处置结果是否达到决策目标，是否存在人为干预而造成资产损失或流失等行为 ……		

审计说明：

审计结论：

示例 5–24：重大国有资产处置情况审核表如表 5–24 所示。

表 5–24　　　　　重大国有资产处置情况审核表

被审计单位：		编制人：	日期：	索引号：
被审计领导干部：				
审计期间：		复核人：	日期：	页次：

序号	年度	处置的重大资产名称	价值	是否经集体研究和中介机构评估	主管部门审批情况	备注
1						
2						
3						
4						
5						

审计说明：

审计结论：

（七）大额资金运作使用情况

大额资金运作与使用是"三重一大"的重要内容。"三重一大"源于第十四届中央纪委第六次全会公报，对党员领导干部在政治纪律方面提出的四条要求的第二条纪律要求："认真贯彻民主集中制原则，凡属重大决策、重要干部任免、重要项目安排和大额度资金的使用,必须经集体讨论作出决定"。

对于不同的行政事业单位,应结合单位自身的性质和规模,对超过一定金额起点的纳入大额资金运作使用范围。

针对行政事业单位领导干部经济责任审计,重点关注大额资金运作使用的审批决策程序是否健全,有无违反集体决策情形,或是否存在超授权决策、超预算审批等;是否制定了大额资金运作使用管理制度,预算内大额资金调动和使用是否合规,手续是否齐全;超预算的资金调动和使用的授权审批是否严格等;大额资金运作使用是否实现预期目标等。

具体工作底稿编制参见示例 5-25:大额资金运作使用情况审核表。

示例 5-25:大额资金运作使用情况审核表如表 5-25 所示。

表 5-25 　　　　　　　大额资金运作使用情况审核表

被审计单位:		编制人:	日期:	索引号:
被审计领导干部:				
审计期间:		复核人:	日期:	页次:
主要内容	重点关注	审核情况		备注
大额资金运作使用情况	1. 关注大额资金运作使用的审批决策程序是否健全,有无违反集体决策情形,或是否存在超授权决策、超预算审批等			
	2. 关注是否制定了大额资金运作使用管理制度,预算内大额资金调动和使用是否合规,手续是否齐全			
	3. 关注超预算的资金调动和使用的授权审批是否严格等			
	4. 关注大额资金运作使用是否实现预期目标等			
	……			

审计说明:

审计结论:

四、财政财务管理和经济风险防范情况

针对行政事业单位领导干部经济责任审计,主要关注被审计单位财政财务资金筹集、使用、分配等各项经济活动与经济关系,评价领导干部任职期间财政财务资金管理的真实性、合规性和效益性,促进领导干部加强各项资金收支管理,落实依法合规经营主体责任。

(一) 预算编制、批复及调整情况

我国财政预算运行的基本过程包括财政预算编制、财政预算执行和财政决算三个环节。财政预算体现了一级政府组织的财政利益各种关系和经济、事业建设的状况,一切预算编制的过程和管理活动都是按照有关的财经政策、财政财务制度进行的,财政预算审计实质上是对一级政府的有关预算编制活动的经济监督。

财政预算审计是一项原则性强、涉及面广、情况复杂、政策性强的工作。针对行政事业单位领导干部经济责任审计,重点关注被审计单位预算编报范围的完整性、准确性,是否存在未纳入预算管理的资金;关注预算编制细化情况,是否存在年初预算资金未细化到单位、项目的情况;关注预算调整方案编制的完整性和审批的合规性,是否存在追加预算当年无法执行,是否存在项目结转金额较大的情形下仍安排新增预算的情况。

具体工作底稿编制参见示例 5-26:预算编制、批复及调整情况审核表及示例 5-27:预算编制、执行情况检查表。

示例 5-26:预算编制、批复及调整情况审核表如表 5-26 所示。

表 5-26　　　　预算编制、批复及调整情况审核表

被审计单位:		编制人:	日期:	索引号:
被审计领导干部:				
审计期间:		复核人:	日期:	页次:

续表

主要内容	重点关注	审核情况	备注
预算编制、批复及调整情况	1. 关注单位预算编报范围的完整性、准确性,是否存在未纳入预算管理的资金		
	2. 关注预算编制细化情况,是否存在年初预算资金未细化到单位、项目的情况		
	3. 关注预算调整方案编制的完整性和审批的合规性,是否存在追加预算当年无法执行,是否存在项目结转金额较大的情形下仍安排新增预算的情况		
	……		

审计说明:

审计结论:

示例 5-27:预算编制、执行情况检查表如表 5-27 所示。

表 5-27　　　　　　　预算编制、执行情况检查表

被审计单位:		编制人:	日期:	索引号:
被审计领导干部:				
审计期间:		复核人:	日期:	页次:
序号	审查内容	审查情况		备注
1	预算编制			
1.1	是否如实填报本单位基本情况信息,有无虚报冒领基本支出预算情况			
1.2	是否按规定将本单位全部收支纳入预算			
1.3	是否严格按项目任务需求科学编制项目支出预算			
1.4	是否严格执行预算编制管理程序,是否对预算编制实现逐项审核并由归口管理部门报分管领导审定			

续表

序号	审查内容	审查情况	备注
2	预算执行		
2.1	是否严格按照预算批复执行预算，是否存在挤占挪用情况		
2.2	调整预算是否严格履行了相关报批程序		
2.3	预算执行率是否满足考核要求		
2.4	是否存在集中突击花钱现象		

审计说明：

审计结论：

（二）财政支出真实合规情况

财政收支审计是审计机关对政府公共财政收支的真实性、合法性和效益性所实施的审计监督，借以确定各级财政收支是否正确、真实、合规、合法、有效，并对其履行财政、财务管理和监督责任的状况作出评价。审计的主要内容包括预算支出和预算外支出的资金界限划分是否清楚，有无相互挤占、挪用、滥用等问题；财政支出是否符合法定程序，支出内容是否合规、合理、有效；财政支出是否贯彻量入为出原则，体现量力而行，讲究节约的精神等。

针对行政事业单位领导干部经济责任审计，重点关注被审计单位基本支出真实性、完整性、准确性、合法性，以及揭示与披露的充分性；关注项目立项的真实合理性、申报程序的合规性，项目是否按计划进度组织实施，项目支出反映的业务与项目文本规定的内容是否一致，项目验收手续是否完备，项目目标是否实现；关注"三公"经费和会议费使用情况，以及楼堂馆所建设管理使用情况。关注单位主导和参与分配的专项转移支付资金管理是否合规，是否按要求制定资金管理办法；是否合法合理设置专项资金项目，政策目标是否清晰；专项转移支付资金分配方法是否科学，分配标准是否统一，分配程序是否合规；专项转移资金是否真实，是否存在虚假、截留、挤占、挪用或擅自调整的情况。

具体工作底稿编制参见示例 5-28：财政支出真实合规情况审核表、示例 5-29：收入管理的合规性审核表、示例 5-30：财务支出的合规性审核表、示例 5-31：资产管理情况审核表及示例 5-32：财务管理及会计核算情况审核表。

示例 5-28：财政支出真实合规情况审核表如表 5-28 所示。

表 5-28 财政支出真实合规情况审核表

被审计单位：		编制人：	日期：	索引号：
被审计领导干部：				
审计期间：		复核人：	日期：	页次：
主要内容	重点关注	审核情况		备注
财政支出真实合规情况	1. 关注被审计单位基本支出真实性、完整性、准确性、合法性，以及揭示与披露的充分性			
	2. 关注项目立项的真实合理性、申报程序的合规性，项目是否按计划进度组织实施，项目支出反映的业务与项目文本规定的内容是否一致，项目验收手续是否完备，项目目标是否实现			
	3. 关注"三公"经费和会议费使用情况，以及楼堂馆所建设管理使用情况			
	4. 关注单位主导和参与分配的专项转移支付资金管理是否合规，是否按要求制定资金管理办法；是否合法合理设置专项资金项目，政策目标是否清晰；专项转移支付资金分配方法是否科学，分配标准是否统一，分配程序是否合规；专项转移资金是否真实，是否存在虚假、截留、挤占、挪用或擅自调整的情况			
	……			

续表

审计说明：

审计结论：

示例 5-29：收入管理的合规性审核表如表 5-29 所示。

表 5-29　　　　　　收入管理的合规性审核表

被审计单位：	编制人：	日期：	索引号：
被审计领导干部：			
审计期间：	复核人：	日期：	页次：

序号	审查内容	审查情况	备注
1	是否存在违反收支两条线规定的情况		
2	是否存在不及时上缴国库资金问题		
3	有无擅自设立行政收费项目，扩大收费范围、提高收费标准问题		
4	有无截留、坐支、私分行政性收费和罚没收入，私设"小金库"问题		
5	有无违规占用、使用罚没物品问题		
6	相关处罚台账、文书是否齐全		
7	……		

审计说明：

审计结论：

示例 5-30：财务支出的合规性审核表如表 5-30 所示。

表 5-30　　　　　　财务支出的合规性审核表

被审计单位：	编制人：	日期：	索引号：
被审计领导干部：			
审计期间：	复核人：	日期：	页次：

序号	审查内容	审查情况	备注
1	基本支出		
1.1	是否存在未严格遵守国家工资、社会保障的相关政策、规定和经费支出的开支范围，违规发放职工津补贴问题		

续表

序号	审查内容	审查情况	备注
1.2	是否存在超范围、超标准列支公用经费用于人员福利支出问题		
2	"三公"经费支出		
2.1	"三公"经费重点审查是否存在超预算、无预算支出"三公"经费情况		
2.2	是否按规定加强出国（境）团组计划管理，对经费渠道和支出标准进行严格审查		
2.3	是否落实公务用车使用登记、定点维修保养、保险、购油等制度		
2.4	是否按规定实施公务接待事前报批制度和公务接待清单制度，并严格控制公务接待标准		
2.5	是否存在以举办会议、培训等名义列支、转移、隐匿接待费支出等情况		
3	会议费支出		
3.1	是否建立并严格落实会议计划管理制度和会议费事前审批制度		
3.2	是否存在在非定点饭店召开会议情况		
3.3	是否落实会议签到制度		
3.4	是否存在虚报参会人员变相提高会议费标准等情况		
3.5	是否存在在会议费中列支与会议无关支出，或套取会议费转出账外使用情况		
3.6	是否严格按照国家有关规定标准发放专家评审费和咨询费		
4	培训费支出		
4.1	是否建立并严格落实培训计划管理制度和培训费事前审批制度		
4.2	是否落实培训签到制度		
4.3	是否存在虚报参加培训人员变相提高培训费标准等情况		
4.4	是否存在在培训费中列支与培训无关支出，或套取培训费转出账外使用情况		

续表

序号	审查内容	审查情况	备注
4.5	是否严格按照国家有关规定标准发放专家评审费和咨询费		
5	差旅费支出		
5.1	是否存在无明确公务目的的差旅活动		
5.2	是否超标准乘坐交通工具		
5.3	是否存在向下属单位、地方单位、企业摊派住宿费用		
6	项目支出		
6.1	项目的申报是否符合部门履行职责及其发展的需要，是否均进行了可行性研究论证，是否按照轻重缓急的原则从项目库中择优遴选等		
6.2	项目实际执行与其申报内容是否一致		
6.3	是否按照计划和进度组织实施		
6.4	是否存在自行扩大支出范围、提高开支标准、挤占挪用项目资金问题		
6.5	有无在项目经费中列支人员经费、会议支出等问题		
6.6	是否存在资金效益不高、损失浪费等问题，是否形成大量结余		
7	其他支出		
7.1	是否存在未经批准举办节会、庆典、论坛等		
7.2	出书办刊和内部宣传制作等方面铺张浪费		
7.3	其他与压缩行政成本相悖的情况		
7.4	政采有无做到应采尽采，有无不当政府购买服务情况等问题		
7.5	政府购买服务项目是否存在对列入政府购买服务"负面清单"的事项实施采购的情况		
7.6	政府购买服务承接主体是否存在违规由职责不匹配的行政事业单位提供服务等问题		

续表

序号	审查内容	审查情况	备注
7.7	政府履职所需辅助性服务事项，对各部门能自行完成的（如：各部门应独立完成的调研课题、会议、培训、党务事项等）或能通过加强事中事后监管解决的，是否按规定不得外包购买，绩效目标是否合理		
7.8	支出中涉及的政府采购类支出是否贯彻落实支持中小企业、贫困地区发展等政策，为中小企业、贫困地区等预留采购份额		
7.9	……		

审计说明：

审计结论：

示例 5-31：资产管理情况审核表如表 5-31 所示。

表 5-31　　　　　　资产管理情况审核表

被审计单位：			
被审计领导干部：	编制人：	日期：	索引号：
审计期间：	复核人：	日期：	页次：

序号	审查内容	审查情况	备注
1	各项资产（包括货币资金、有价证券、应收款项、对外投资、固定资产、无形资产和其他资产等）的管理是否符合规定		
2	是否存在违规处置情况，包括出租、出借、担保、抵押、质押、变卖等		
3	有无国有资产闲置、损失、浪费		
4	资产的购置是否履行政府采购程序		
5	有无单位所管理的公共基础设施等未纳入资产管理		
6	有无出租出借资产未收取相关费用		
7	是否存在资金出借长期未收回形成损失		
8	个人（特别是领导干部）借款长期不归还		

续表

序号	审查内容	审查情况	备注
9	对外借款审批手续不规范等问题		
10	单位自主研发的信息系统是否纳入无形资产管理		
11	研发和后续维护费用是否经济合理		
12	是否存在多个雷同系统或系统使用面过窄形成浪费的情况		
13	……		

审计说明：

审计结论：

示例 5-32：财务管理及会计核算情况审核表如表 5-32 所示。

表 5-32　　　　　　　　　财务管理及会计核算情况审核表

被审计单位：			
被审计领导干部：	编制人：	日期：	索引号：
审计期间：	复核人：	日期：	页次：

序号	审查内容	审查情况	备注
1	是否按照国家统一的会计制度设置了会计科目和账户		
2	是否根据真实发生的经济业务进行会计核算、填制会计凭证、登记会计账簿		
3	是否严格执行中央预算单位公务卡强制结算规定		
4	是否建立严密的支出报销审核程序并严格执行各项经费开支范围和标准		
5	是否存在账外账，私设"小金库"等问题		
6	是否按规定及时清理往来款项		
7	报销所附原始凭据是否合规或真实		
8	税收管理是否规范，是否代扣代缴个人所得税，是否违规抵扣进项税额		
9	……		

续表

审计说明:
审计结论:

(三) 预算绩效管理情况

预算绩效管理是以提高财政资金使用效率为核心的管理方式,旨在通过对预算的编制、执行和评估等环节进行全面、系统的管理,确保财政资金能够按照既定的目标和方向进行分配和使用,包括事前绩效目标,确保设定科学合理;事中执行监控,确保预算绩效目标实现;事后绩效评估,确保预算资金使用效益。

预算绩效管理的审计监督,对优化预算资金分配、提升预算编制的准确性、提高财政资金的使用效益、防范重大财政风险具有重要作用。针对行政事业单位领导干部经济责任审计,重点关注被审计单位是否及时下达预算;是否建立健全预算管理和绩效考评机制;考评制度是否突出对专项资金配置效率、使用效益的考评,是否具有可操作性,执行是否到位;是否落实绩效管理责任,是否存在资金使用效益不高、损失浪费的问题。

具体工作底稿编制参见示例 5-33:预算绩效管理情况审核表。

示例 5-33:预算绩效管理情况审核表如表 5-33 所示。

表 5-33　　　　　　　预算绩效管理情况审核表

被审计单位:				
被审计领导干部:		编制人:	日期:	索引号:
审计期间:		复核人:	日期:	页次:
主要内容	重点关注	审核情况		备注
预算绩效管理情况	1. 关注被审计单位是否及时下达预算			
	2. 关注是否建立健全预算管理和绩效考评机制;考评制度是否突出对专项资金配置效率、使用效益的考评,是否具有可操作性,执行是否到位			

续表

主要内容	重点关注	审核情况	备注
预算绩效管理情况	3. 关注是否落实绩效管理责任,是否存在资金使用效益不高、损失浪费的问题		
	……		

审计说明:

审计结论:

(四) 履行经济责任监督情况

落实对下属单位的财务监管,是行政事业单位领导干部经济责任审计的一项重要内容,对下属单位的违规问题,被审计领导干部应承担相应的监管责任。因此,行政事业单位领导干部不仅要重视单位本级的财务管理,还应着力加强对下属单位经济活动的管理和监督。

针对行政事业单位领导干部经济责任审计,重点关注被审计单位对下属单位经济管理是否严格,是否有效监督财政预算资金使用;是否存在依托部门职权、利用行业资源或部门影响力违规投资获利,获取小集团利益的情况;下属企事业单位对外投资经营是否合规;是否对违规违纪人员落实责任追究。

具体工作底稿编制参见示例 5-34:履行经济责任监督情况审核表。

示例 5-34:履行经济责任监督情况审核表如表 5-34 所示。

表 5-34　　　　　　　履行经济责任监督情况审核表

被审计单位:		编制人:	日期:	索引号:
被审计领导干部:				
审计期间:		复核人:	日期:	页次:
主要内容	重点关注	审核情况		备注
履行经济责任监督情况	1. 是否建立健全对所属单位的监管制度,是否对所属单位切实加强组织领导,建立健全工作机制			

续表

主要内容	重点关注	审核情况	备注
履行经济责任监督情况	2. 被审计单位对下属单位经济管理是否严格，是否有效监督财政预算资金使用；是否对所属单位重大决策事项在实施前、实施中和实施后进行全程监管，监督检查措施是否有效		
	3. 是否存在由于疏于监督管理，造成所属单位在执行非税收入、基本支出、项目支出、专项资金使用、政府采购、基本建设、国有资产处置等财经法纪方面出现比较普遍或者突出的问题		
	4. 是否存在依托部门职权、利用行业资源或部门影响力违规投资获利，获取小集团利益的情况；是否存在利用所属单位资金违规发放津贴补贴或福利问题		
	5. 下属企事业单位对外投资经营是否合规；是否对违规违纪人员落实责任追究		
	……		

审计说明：

审计结论：

（五）预算管理中执行机构编制管理规定情况

依据《中共中央关于深化党和国家机构改革的决定》中关于加大机构编制违纪违法行为查处力度的有关规定，针对行政事业单位领导干部经济责任审计，注册会计师应重点关注被审计单位是否存在未经批准擅自设立机构或者增加内设机构；是否存在超编进人、超职数超规格配备领导干部、虚报人员占用编制等情况,揭示其引起的超预算支出、无预算开支等涉及预算管理方面的问题等。

具体工作底稿编制参见示例 5-35:预算管理中执行机构编制管理规定情况审核表。

示例 5-35:预算管理中执行机构编制管理规定情况审核表如表 5-35 所示。

表 5-35 　　　　预算管理中执行机构编制管理规定情况审核表

被审计单位:				
被审计领导干部:		编制人:	日期:	索引号:
审计期间:		复核人:	日期:	页次:
主要内容	重点关注	审核情况		备注
预算管理中执行机构编制管理规定方面	1. 被审计单位是否存在未经批准擅自设立机构或者增加内设机构;是否按照部门(单位)"三定"规定的要求设置机构和增加内设机构,是否存在未经批准擅自设立机构或者增加内设机构			
	2. 是否存在"挂牌机构"实体运行,租用独立办公场所问题;是否存在临时机构工作完成后不撤销,资产管理不清问题			
	3. 被审计单位是否存在"超编进人"、混用或挤占编制的情况;是否存在在编不在岗人员、已调离人员不办理核减编制手续,被降级、撤职等处分人员仍在原单位、按原职级领取工资和津贴补贴等"吃空饷"问题			
	4. 是否存在超机构规格和权限配备领导职数,不及时办理退休手续造成多支出财政资金问题			
	……			

审计说明:

审计结论:

（六）经济风险防范情况

审查被审计领导干部任职期间防范化解经济风险采取的具体措施，以及对这些措施的跟进督查、实施效果等情况。重点关注是否对单位面临的经济风险进行科学预判；是否及时采取措施进行防范化解等。

五、落实有关党风廉政建设责任和遵守廉洁从政规定情况

在行政事业单位领导干部经济责任审计中开展落实党风廉政建设责任和遵守廉洁从业情况的审计，应当将审计内容限定在经济活动中，重点聚焦经济责任。主要审查被审计领导干部在任职期间落实职责范围内党风廉政建设责任、遵守中央八项规定及实施细则精神和廉洁从业有关规定的情况，促使领导干部做到有权必有责、有责要担当、用权受监督、失责必追究，落实全面从严治党要求。

（一）落实党风廉政建设责任情况

1. 党风廉政建设责任制的建立和落实情况。重点关注：

（1）是否实行党风廉政建设责任制，按照中共中央、国务院《关于实行党风廉政建设责任制的规定》，明确领导班子、领导干部在党风廉政建设中的责任。

（2）是否制定党风廉政建设落实主体责任清单，建立一级抓一级，层层抓落实的责任传导机制。

（3）是否建立党风廉政建设责任制的检查考核机制，上级党委（党组）是否对下一级领导班子、领导干部党风廉政建设责任制执行情况进行检查考核；检查考核情况是否在适当范围内通报，对发现的问题是否督促整改落实；是否建立和完善检查考核结果运用制度，并将考核结果作为对领导班子总体评价和领导干部业绩评定、奖励惩处、选拔任用的重要

依据。

（4）对党风廉政建设领导不力，职责范围内明令禁止的不正之风得不到有效治理的相关领导干部是否进行责任追究并严肃查处，促进反腐倡廉，落实全面从严治党要求。

2. 履行党风廉政建设责任情况。重点关注：

（1）是否全面履行领导责任，加强对被审计单位业务工作和党建工作的领导，推动党的主张和重大决策转化为法律法规、政策政令和社会共识，确保党的理论和路线方针政策的贯彻落实。

（2）是否坚持党建工作和业务工作同部署、同落实、同检查、同考核。

（3）是否在职责范围内做到"四个亲自"，即重要工作亲自部署、重大问题亲自过问、重点环节亲自协调、重要案件亲自督办，努力解决改革发展深层次难题，敢于承担责任。若被审计领导干部为单位副职，是否按照"一岗双责"的要求督促相关部门按照上级党委和所在单位党委的部署要求，认真抓好职责范围内党风廉政建设任务的落实。

3. 加强党内监督情况。重点关注：

（1）是否加强对党内监督工作的领导，落实好党风廉政建设重要情况通报和报告、谈话和诫勉、述职述廉、个人重大事项报告制度，从源头上防治腐败。

（2）是否建立通畅的信访举报渠道，认真调查核实举报问题，对发现的违规违纪行为严肃查处并进行责任追究。

具体工作底稿编制参见示例 5-36：落实党风廉政建设责任情况审核表。

示例 5-36：落实党风廉政建设责任情况审核表如表 5-36 所示。

表 5-36　　　　　　　　落实党风廉政建设责任情况审核表

被审计单位：		编制人：	日期：	索引号：
被审计领导干部：				
审计期间：		复核人：	日期：	页次：

主要内容	重点关注	审核情况	备注
一、党风廉政建设责任制的建立和落实情况	1. 是否实行党风廉政建设责任制，按照中共中央、国务院《关于实行党风廉政建设责任制的规定》，明确领导班子、领导干部在党风廉政建设中的责任		
	2. 是否制定党风廉政建设落实主体责任清单，建立一级抓一级，层层抓落实的责任传导机制		
	3. 是否建立党风廉政建设责任制的检查考核机制，上级党委（党组）是否对下一级领导班子、领导干部党风廉政建设责任制执行情况进行检查考核；检查考核情况是否在适当范围内通报，对发现的问题是否督促整改落实；是否建立和完善检查考核结果运用制度，并将考核结果作为对领导班子总体评价和领导干部业绩评定、奖励惩处、选拔任用的重要依据		
	4. 是否对党风廉政建设领导不力，职责范围内明令禁止的不正之风得不到有效治理的相关领导干部是否进行责任追究并严肃查处，促进反腐倡廉，落实全面从严治党要求		
	……		

续表

主要内容	重点关注	审核情况	备注
二、履行党风廉政建设责任情况	1. 是否全面履行领导责任,加强对被审计单位业务工作和党建工作的领导,推动党的主张和重大决策转化为法律法规、政策政令和社会共识,确保党的理论和路线方针政策的贯彻落实		
	2. 是否坚持党建工作和业务工作同部署、同落实、同检查、同考核		
	3. 是否在职责范围内做到"四个亲自",即重要工作亲自部署、重大问题亲自过问、重点环节亲自协调、重要案件亲自督办,努力解决改革发展深层次难题,敢于承担责任。若被审计领导干部为单位副职,是否按照"一岗双责"的要求督促相关部门按照上级党委和所在单位党委的部署要求,认真抓好职责范围内党风廉政建设任务的落实		
	……		
三、加强党内监督情况	1. 是否加强对党内监督工作的领导,落实好党风廉政建设重要情况通报和报告、谈话和诫勉、述职述廉、个人重大事项报告制度,从源头上防治腐败		
	2. 是否建立通畅的信访举报渠道,认真调查核实举报问题,对发现的违规违纪行为严肃查处并进行责任追究		
	……		

审计说明:

审计结论:

(二) 个人遵守廉洁从业有关规定情况

1. 违反中央八项规定精神和作风建设情况。重点关注被审计领导干部是否存在违反中央八项规定及其实施细则精神，是否存在"四风"等问题。

2. 违反廉洁纪律情况。重点关注：

(1) 被审计领导干部是否存在违规经商办企业、违规持股、违规兼职取酬、违规从事有偿中介活动。

(2) 超标准配备办公用房、用车和运行费用；超标准乘坐交通工具；违反公务接待管理规定；违规以考察、学习、招商等名义变相用公款出国（境）旅游；违规利用职权为配偶、子女等特定关系人谋取利益等行为。

(3) 其他违反廉洁纪律规定的行为。

具体工作底稿编制参见示例 5-37：个人遵守廉洁从业有关规定情况审核表。

示例 5-37：个人遵守廉洁从业有关规定情况审核表如表 5-37 所示。

表 5-37　　　　个人遵守廉洁从业有关规定情况审核表

被审计单位：		编制人：	日期：	索引号：
被审计领导干部：				
审计期间：		复核人：	日期：	页次：
主要内容	重点关注	审核情况		备注
一、违反中央八项规定精神和作风建设情况	1. 是否存在违反中央八项规定及其实施细则精神			
	2. 是否存在"四风"等问题			
	3. 是否厉行节约，落实过"紧日子"的要求			
	4. 是否违规使用"三公"经费；是否在下属单位或其他单位列支"三公"经费			

续表

主要内容	重点关注	审核情况	备注
一、违反中央八项规定精神和作风建设情况	5. 是否违规购买高档白酒；是否存在在食堂违规列支招待费、发放福利、套取资金		
	6. 是否存在违规发放津补贴、过节费的行为		
	7. 是否存在违反领导干部廉洁从政准则的行为		
	8. 是否存在退休领导干部兼职取酬情况；是否在下属单位违规任（兼）职取酬		
	……		
二、违反廉洁纪律情况	1. 被审计领导干部是否存在违规经商办企业、违规持股、违规兼职取酬、违规从事有偿中介活动		
	2. 被审计领导干部是否超标准配备办公用房、用车和运行费用；是否无偿使用单位宿舍和房屋；是否违规使用公务车		
	3. 被审计领导干部是否超标准乘坐交通工具；是否在出差、出国等公务活动中超标准支出		
	4. 被审计领导干部是否违反公务接待管理规定；是否存在违规公款职务消费；是否在单位报销应由个人负担的费用		
	5. 被审计领导干部是否违规以考察、学习、招商等名义变相用公款出国（境）旅游；是否借公务之机外出旅游		

续表

主要内容	重点关注	审核情况	备注
二、违反廉洁纪律情况	6. 被审计领导干部是否违规利用职权为配偶、子女等特定关系人谋取利益等行为		
	7. 是否在下属单位或相关单位报销个人费用		
	8. 是否存在违规领取津贴补贴的情况		
	……		

审计说明：

审计结论：

六、生态文明建设项目、资金等管理使用和效益情况

自然资源资产管理和生态环境保护情况审计是通过对被审计领导干部任职期间履行自然资源资产管理和生态环境保护责任情况进行的检查，评价被审计领导干部贯彻执行中央有关方针政策和决策部署、遵守有关法律法规、重大决策、完成目标、履行监督责任、组织资金征管用和项目建设运行，以及履行其他相关责任等情况。

（一）贯彻执行中央生态文明建设方针政策和决策部署方面

1. 生态文明体制改革相关任务推进落实情况。重点关注自然资源资产确权登记、主体功能区规划、国家公园体制、多规合一等相关改革任务是否得到有效推进落实的情况，包括是否存在领导干部本人及所在单位对所承担的改革任务未部署、未落实的情况；是否存在对承担的改革任务未采取措施有效推进，改革任务完成迟于计划时间的情况；是否存在对承担的改革任务在推进中监督检查不够；是否存在对上报的改革任务总结性材料

把关不严，相关情况与实际严重不符，甚至弄虚作假的情况。

2. 国家有关自然资源资产管理和生态环境保护重大战略贯彻落实情况。重点关注国家关于生态环境保护的战略发展规划及长江经济带、京津冀协同发展、"一带一路"、粤港澳大湾区建设、长三角一体化发展等重大战略发展规划有关资源环境的要求是否落实，包括是否存在领导干部本人对中央领导同志或上级领导的资源环境问题指示、批示落实不力的情况；国家重大战略发展规划有关资源环境限制性要求是否被突破等。

3. 生态文明建设领域推进供给侧结构性改革、"三去一降一补"的情况。关注去产能等相关供给侧结构性改革政策是否落实到位，包括承诺的去产能目标是否完成；上报的去产能任务是否存在弄虚作假，是否存在履职不到位的情况；去产能过程中是否做好职工安置和社会稳定工作等。

4. 生态文明建设、绿色发展考核在经济社会发展中的作用效果情况。关注经济社会发展考核中有关生态文明建设、绿色发展方面权重是否存在不符合国家要求和规定的情况等。

（二）遵守自然资源资产相关法律法规情况

1. 自然资源资产制度建设情况。审查和评价被审计单位制订的制度和规划是否符合资源环境法律法规，是否有效、及时等。

2. 制定、批准和审批自然资源开发利用和生态环境保护规划（计划）情况。审查和评价自然资源开发利用和生态环境保护规划（计划）的编制是否有效、及时，包括是否按照国家有关法律、法规或程序制定自然资源管理、生态环境保护的规划、计划；制定的上述规划、计划等是否符合国家有关规定或当地实际情况等。

3. 相关重大经济活动或建设项目遵守自然资源资产管理和生态环境保护法律法规情况。具体包括：

（1）审查和评价重大经济活动是否遵守相关法律法规。是否存在领导干部个人决定、主持会议研究决定或指使有关部门违规审批、出让自然资源资产使用权的情况；是否存在违规以自然资源资产出资进行合作的情况；是否存在违规以自然资源资产出资进行租赁经营、抵押贷款、担保或偿还债务等重大资本运作事项的情况。

（2）审查和评价重大建设项目是否遵守相关法律法规。是否存在违规批准不符合生态环境保护和资源开发利用方面政策法规的建设项目的情况；是否存在越权审批或化整为零审批重大建设项目的情况；是否存在重大建设项目未取得生态环境和自然资源等相关审批手续前即批准开工建设情况；是否存在违规批准不符合生态环境保护和资源开发利用方面政策、法律法规的重大建设项目投产（使用）等情况。

（三）审查和评价重大决策的制订程序和内容是否符合相关规定

1. 关注经领导干部审批、审签同意的经济决策、资源环境决策等，是否严格落实主体功能区规划、土地规划、城乡规划等相关规划要求。

2. 关注经领导干部审批、审签同意的资源环境相关规划、计划是否按照有关规定报批、审查或备案。

3. 关注由领导干部签署或主持会议审议通过的资源环境相关规划、计划是否存在与其他相关规划、计划不衔接、不协调的情况。

4. 关注经领导干部审批、审签通过的经济发展、资源开发利用相关规划是否存在应开展未开展规划环评工作的情况。

5. 关注有关重大投资项目是否应做未做或违规审批环评的情况。

6. 关注是否存在擅自放宽或选择性执行国家和地方重点生态功能区产业准入负面清单政策标准的情况；是否存在违反重点生态功能区产业准入负面清单规定，未按期淘汰禁限类产业或未对限制类产业采取关停并转或技术改造升级措施的情况。

（四）完成自然资源资产管理和生态环境保护目标的情况

1. 关注自然资源资产管理和生态环境保护约束性指标管理体系建设及运行情况。

2. 关注约束性指标监测、统计数据真实性情况。

3. 关注《大气污染防治行动计划》《水污染防治行动计划》《土壤污染防治行动计划》确定的考核目标是否完成。

4. 关注其他考核目标特别是领导干部签字承诺的与生态文明建设有关的考核目标完成情况。

(五) 履行自然资源资产管理和生态环境保护监督责任情况

1. 关注自然资源资产和生态环境监督管理有效性情况。

2. 关注自然资源消耗上限、环境质量底线、生态保护红线等资源环境与生态管控情况。

3. 关注资源环境承载能力监控预警机制建立运行情况。

4. 关注严重损毁自然资源资产和重大生态破坏、环境污染事件预防处置情况。

5. 关注对以前年度中央相关专项督察、国家审计和专项考核检查等发现问题的督促整改情况。

(六) 相关资金征收管理使用和项目建设运营情况

1. 关注与自然资源资产管理和生态环境保护相关税费、有偿使用收入的征管、分配情况。

2. 关注自然资源资产管理和生态环境保护资金投入及使用情况。

3. 关注重点项目、设施建设运营情况。

4. 关注自然资源资产开发利用和生态环境保护信息系统建设情况。

5. 关注用能权、排污权、碳排放权、用水权等管理情况等。

七、以往审计发现问题的整改情况

按照《关于完善审计制度若干重大问题的框架意见》及相关配套文件等相关要求，被审计领导干部任职期间需要对以前年度审计查出的问题，尤其是对前任遗留下的问题要进行认真整改，不能出现"新官不理旧账"的情况。以往审计发现问题整改情况审计主要通过对整改制度制定、工作实施、措施落实和整改效果等情况的审计，确认被审计领导干部及其所在单位对以往审计发现问题的整改效果，进一步督促被审计单位落实以往审计发现问题的整改。

（一）整改制度建立情况

重点关注被审计领导干部对其所在单位的审计整改工作推动是否有力；是否制定或完善整改管理制度，制度中相关单位和部门（机构）整改职责是否明确。

（二）整改措施落实情况

重点关注被审计领导干部是否牵头制定了整改方案或整改计划，制定的措施是否切实可行；是否存在对查出问题整改不重视、不部署的情况；对措施落实情况是否进行监督和跟踪，是否存在不落实或落实不彻底的现象；被审计单位是否按要求及时向内部审计机构或业务管理部门报告整改情况；整改报告内容是否客观、完整，是否严格按照整改完成标准确认整改状态，有无随意或虚假调整整改状态。

（三）整改效果情况

重点关注整改结果是否实现整改方案或整改计划确定的目标；整改效果是否经过适当评估；被审计单位是否因整改工作不力而受到外部监管机构不良评价；被审计单位是否建立内部审计发现问题整改长效机制等。

具体工作底稿编制参见示例 5-38：以往审计发现问题整改情况审核表及示例 5-39：以往审计发现问题整改落实情况审核表。

示例 5-38：以往审计发现问题整改情况审核表如表 5-38 所示。

表 5-38　　　　　　　　以往审计发现问题整改情况审核表

被审计单位：			
被审计领导干部：	编制人：	日期：	索引号：
审计期间：	复核人：	日期：	页次：

主要内容	重点关注	审核情况	备注
一、整改制度建立情况	1. 被审计领导干部对其所在单位的审计整改工作推动是否有力		
	2. 是否制定或完善整改管理制度，制度中相关单位和部门（机构）整改职责是否明确		
	……		
二、整改措施落实情况	1. 被审计领导干部是否牵头制定了整改方案或整改计划，制定的措施是否切实可行		
	2. 是否存在对查出问题整改不重视、不部署的情况		
	3. 对措施落实情况是否进行监督和跟踪，是否存在不落实或落实不彻底的现象		
	4. 被审计单位是否按要求及时向内部审计机构或业务管理部门报告整改情况		
	5. 整改报告内容是否客观、完整，是否严格按照整改完成标准确认整改状态，有无随意或虚假调整整改状态		
	……		
三、整改效果情况	1. 整改结果是否实现整改方案或整改计划确定的目标		
	2. 整改效果是否经过适当评估		
	3. 被审计单位是否因整改工作不力而受到外部监管机构不良评价		
	4. 被审计单位是否建立内部审计发现问题整改长效机制等		
	……		

审计说明：

审计结论：

示例 5-39：以往审计发现问题整改落实情况审核表如表 5-39 所示。

表 5-39　　　　　以往审计发现问题整改落实情况审核表

被审计单位：		编制人：	日期：	索引号：
被审计领导干部：				
审计期间：		复核人：	日期：	页次：
序号	问题清单	整改落实情况		备注
1				
2				
3				
4				
5				

审计说明：

审计结论：

八、其他需要审计的内容

实务中，根据被审计领导干部及被审计单位实际情况以及委托方的要求，可以设定增加其他需要审计的内容。

在审计实践中，其他需要审计内容的审计工作底稿参见示例 5-40：×××事项审核表。

示例 5-40：×××事项审核表如表 5-40 所示。

表 5-40　　　　　　　×××事项审核表

被审计单位：		编制人：	日期：	索引号：
被审计领导干部：				
审计期间：		复核人：	日期：	页次：
序号	审查内容	审查情况说明		备注
1				
2				

续表

序号	审查内容	审查情况说明	备注
3			
4			
5			

审计说明：

审计结论：

实务中，注册会计师对上述审计内容实施进一步审计程序后，对审计过程中发现的问题，要以取证单的形式进行确定。对于证据齐全、问题明确、思路清晰的审计事项，要尽量做到一事一份取证单，这样便于问题的定性和定量处理，影响的金额要明确且准确，定性的问题要符合相关的规定，便于编制审计工作底稿和恰当地在审计报告中披露；对于审计事项比较复杂或者取得的审计证据数量较多的，可以对审计证据进行汇总分析，编制审计取证单，由证据提供者签名或者盖章。具体工作底稿编制参见示例 5-41：审计取证单。

示例 5-41：审计取证单如表 5-41 所示。

表 5-41   审计取证单

第　　页（共　　页）

项目名称	
被审计（调查）单位或个人	
审计（调查）事项	
审计（调查）事项摘要	（说明：1. 被审计单位违纪违规问题发生的时间；2. 违纪违规的主要事实；违纪违规的金额；要核实事实的背景、过程、结果等；3. 审计问题定性和结论。不符合"引用文件"的规定。）

续表

审计人员		编制日期	
证据提供单位意见			
	证据提供单位负责人（签名）		日期	

附件：　　页

| 第六章 |

完成审计工作

完成审计工作在整个经济责任审计过程中占据着举足轻重的地位。它不仅是形成审计结论和编制审计报告的关键阶段,更是推动被审计单位改进管理、提升透明度和明确责任的关键环节。完成审计阶段的主要工作包括:整理、评价审计证据,全面评估问题风险,复核审计工作底稿,形成审计意见,编制审计报告等。

一、整理、评价审计证据

整理、评价审计证据对于形成审计意见和审计报告是必不可少的。审计证据是注册会计师为了得出领导干部经济责任方面的审计结论和形成审计意见而使用的信息,包括构成领导干部任期经济责任方面的会计记录所含有的信息和从其他来源获取的信息。

根据《中国注册会计师审计准则第1301号——审计证据》规定,注册会计师应当根据具体情况设计和实施恰当的审计程序,以获取充分、适当的审计证据。在形成审计意见的过程中,注册会计师的大部分工作是获取和评价审计证据。

审计证据在性质上具有累积性,主要是在审计过程中通过实施审计程序获取,也可能包括从其他来源获取的信息,如以前审计或会计师事务所在客户关系和具体业务的接受与保持过程中获取的信息等。除从被审计单位内部和外部其他来源获取的信息外,会计记录也是重要的审计证据来源。在某些情况下,信息的缺乏(如管理层拒绝提供注册会计师要求的声明)本身也构成审计证据,可以被注册会计师利用。

(一) 评价审计证据的充分性和适当性

审计证据的充分性和适当性相互关联。充分性是对审计证据数量的衡量,注册会计师需要获取的审计证据的数量受其对重大错报风险评估的影响(评估的重大错报风险越高,需要的审计证据可能越多),并受审计证据质量的影响(审计证据质量越高,需要的审计证据可能越少)。应当注意的是,注册会计师仅靠获取更多的审计证据可能无法弥补其质量上的缺陷。

审计证据的适当性是对审计证据质量的衡量,即审计证据在支持审计意见所依据的结论方面具有的相关性和可靠性。审计证据的可靠性受其来源和性质的影响,并取决于获取审计证据的具体环境。

(二) 评价审计证据的相关性和可靠性

所有审计证据的质量均受其所依据信息的相关性和可靠性的影响。相关性是指用作审计证据的信息与审计程序的目的和所考虑的相关认定之间有逻辑联系。用作审计证据信息的可靠性以及审计证据本身的可靠性,受其来源和性质的影响,并取决于获取该证据的环境,包括与编制和维护该信息相关的控制。判断审计证据可靠性的一般原则包括:(1) 从被审计单位外部独立来源获取的审计证据比从其他来源获取的审计证据更可靠;(2) 相关控制有效时内部生成的审计证据比控制薄弱时内部生成的审计证据更可靠;(3) 直接获取的审计证据比间接获取或推论得出的审计证据更可靠;(4) 以文件记录形式(包括纸质、电子或其他介质)存在的审计证据比口头形式的审计证据更可靠;(5) 从原件获取的审计证据比从复印、传真或通过拍摄、数字化或其他方式转化成电子形式的文件获取的审计证据更可靠。

二、整理、汇总审计发现的问题

注册会计师在实施恰当的审计程序后,应当汇总实施审计程序得出的结果,评价根据审计证据得出的结论是否恰当。在得出结论时,注册会计师应当考虑以下事项:(1)是否按照《中国注册会计师审计准则第1231号——针对评估的重大错报风险采取的应对措施》的规定,已获取充分、适当的审计证据;(2)按照《中国注册会计师审计准则第1251号——评价审计过程中识别出的错报》的规定,评价未更正违规事项单独或汇总起来是否重大。在判断未更正违规事项是否重大时,注册会计师需要考虑问题的性质、造成的后果影响等因素。

按照《中国注册会计师审计准则第1251号——评价审计过程中识别出的错报》的规定,注册会计师应当累积审计过程中识别出的问题,如果管理层应注册会计师的要求,检查了领导干部任期经济责任方面并更正了已发现的问题,注册会计师应当实施追加的审计程序,以确定问题是否仍然存在。

注册会计师应汇总审计过程中发现的问题,并根据问题的重要性确定建议被审计单位调整的事项,编制交换意见表。除非法律法规禁止,注册会计师应当及时将审计过程中累积的所有问题与适当层级的管理层进行沟通。注册会计师还应当要求管理层更正这些问题。如果管理层拒绝更正沟通的部分或全部问题,注册会计师应当了解管理层不更正问题的理由,并考虑如何在审计报告中进行披露。

注册会计师应与被审计单位相关人员就下列事项进行沟通,并签字确认:(1)审计发现问题及意见的措辞;(2)审计发现的问题汇总表;获得被审计单位就审计发现的问题同意的书面确认记录;如果被审计单位不同意相关问题和意见,应要求其说明原因。就上述问题与被审计领导干部和被审计单位管理层沟通时,应提交书面沟通函,并获得被审计领导干部和被审计单位管理层的确认。

实务中,针对行政事业单位领导干部任期经济责任审计,常见的问题如下:

(一) 贯彻执行党和国家经济方针政策、决策部署情况方面的问题(见表6-1)

表6-1 贯彻执行党和国家经济方针政策、决策部署情况方面的问题

序号	问题描述	主要表现
1	出台的措施和政策与中央有关方针政策、决策部署相违背	单位出台的措施和政策存在明显与国家政策文件规定矛盾或抵触的内容
2	未能及时办理党和国家以及上级主管部门的批示和交办事项	国家相关政策文件上有明确规定实施时间的或上级主管部门有要求完成时间的,单位未能采取有效措施及时完成交办事项
3	未能切实履行主体责任	未能按照"细化、量化、项目化、具体化"的要求组织制定详实的落实方案、措施,进行任务分解,明确贯彻执行的时间表和阶段性目标
4	自身工作不到位问题	因未出台配套政策、措施等造成有关经济方针、决策部署难以"落地"、执行效果不理想等问题; 存在领导干部只在形式上召开会议和下发文件,未采取实质性举措推进工作,不作为、慢作为、假作为、乱作为等问题
……	……	……

(二) 本部门本单位重要发展规划和政策措施的制定、执行和效果情况方面的问题（见表6-2）

表6-2　　本部门本单位重要发展规划和政策措施的制定、执行和效果情况方面的问题

序号	问题描述	主要表现
1	制定的经济目标或指标不符合相关要求	提出的本单位重要发展规划、政策措施和工作发展思路，与领导干部履职有关的经济事项未能实现目标，制定的本单位年度指标等不符合相关要求
2	重大工作任务未完成	存在由于规划、重要工作或者重大事项未完成，导致重大问题发生及造成严重后果、不良社会影响等问题
3	目标责任或单位工作目标未完成	未能完成上级主管部门下达的有关目标责任以及单位工作目标
……	……	……

(三) 重大经济事项的决策、执行和效果情况方面的问题

1. 重大经济决策制度的建立健全情况（见表6-3）

表6-3　　重大经济决策制度的建立健全情况

序号	问题描述	主要表现
1	未建立重大经济事项的决策制度	未建立健全工作规则、议事规则，"三重一大"等经济决策管理制度，或存在某项重大经济事项的决策制度缺失情况
2	重大经济事项的决策制度不健全	决策管理制度中未明确需要集体决策的重大经济事项的种类、范围和标准，以及决策程序、决策权限、相应的监督检查和责任追究等保障制度
3	重大经济事项的决策范围不完整	未将预决算管理、基本建设、大额对外投资、大额物资采购、大额资产处置、大额资金使用等重大经济事项纳入决策范围
4	决策的监督保障制度不完善	未建立健全重大经济决策事项的监督检查、绩效考核和责任追究等保障制度
5	重大经济决策制度内容不一致	重大经济决策制度内容不全面，制度之间内容不统一，不同制度条款中存在相互矛盾
……	……	……

2. 重大经济决策事项的执行情况（见表6-4）

表6-4　　　　　　　　　重大经济决策事项的执行情况

序号	问题描述	主要表现
1	重大经济事项决策程序不规范	重大经济事项决策未经过充分论证，做到依法、科学、民主决策，未坚持会议讨论，决策过程和决策结果没有完整的会议记录和会议纪要
2	国有资产采购管理不规范	重大国有资产采购有意规避公开招投标，存在围标、串标问题，存在未严格执行采购合同，提前支付款项等问题
3	国有资产使用管理不规范	资产的调拨、出售、报废、出租、出借、担保等未遵守有关规定，未按规定公开交易或低价变现出售国有资产，造成国有资产流失；未经集体研究和中介机构评估，且未报主管部门审批；实际处置中未严格按批准后的方案执行；存在应收未收或少收国有资产处置收益等问题；未经批准违规对外担保，存在无偿出借房屋、土地使用权给所属单位、企业、协会或其他单位管理、使用或租赁价格低于市场价格的情况
4	基建工程管理不规范	工程项目未经过充分可行性研究，未经过集体会议讨论进行科学民主决策；未按照规定招投标或不招标或为规避公开招投标将建设工程"化整为零"或围标串标，不履行或者不正确履行建设工程项目管理职责，造成施工单位转包或违法分包工程，存在领导干部干预或者插手建设工程，进行利益输送等问题；存在未批先建、先开工后立项、未落实合规资金来源即开工、要求企业带资承包、"打白条"等新增拖欠账款的情况；存在挪用、转移、侵占、出借建设资金，未按合同约定提前支付工程款等问题
……	……	……

3. 决策的执行效果情况（见表6-5）

表6-5　　　　　　　　　决策的执行效果情况

序号	问题描述	主要表现
1	重大经济决策效果不佳	大额支出事项未经过决策过程，或者决策流程、决策时间点等倒置，重大经济决策执行过程中的监督和保障措施未建立健全或无效

续表

序号	问题描述	主要表现
2	项目未达到预期目标	重大项目决策事项的经济效益、社会效益和环境效益等预期目标未能实现，或因决策不当或者失误造成损失浪费、环境破坏、风险隐患等
……	……	……

（四）财政财务管理和经济风险防范情况以及在预算管理中执行机构编制管理规定情况方面的问题

1. 内部控制制度的建立健全情况（见表6-6）

表6-6　　　　　　　内部控制制度的建立健全情况

序号	问题描述	主要表现
1	内控制度缺失，工作机制不健全	缺少预算管理、财务管理、资产管理、政府采购管理、建设项目管理、合同管理、信息化管理等方面的管理制度； 管理制度中的部分内容规定不完整，未能涵盖全部经济业务； 未按照决策、执行、监督相互分离、相互制衡的要求，科学设置内设机构和管理层级； 未将落实中央八项规定及实施细则精神纳入内部控制建设
2	内控制度未及时调整、更新	部分内控制度内容陈旧，未根据国家政策文件规定及时进行更新。比如，国家相关政策文件上有明确规定实施时间的，单位没有及时调整或更新，未及时修订单位自身相关制度的内容
3	制度规定与国家政策矛盾或相抵触	单位管理制度存在明显与国家政策文件规定矛盾或相抵触的内容，不符合国家有关法律法规的规定
4	单位管理制度未细化，可操作性不强	单位管理制度未结合单位实际情况制定，直接照搬国家规定或只做原则性规定，"上下一般粗"，实际工作中难以操作
……	……	……

2. 预算编制、预算执行情况（见表6-7）

表6-7　　　　　　　　预算编制、预算执行情况

序号	问题描述	主要表现
1	预算编制不准确、不科学、不完整	未如实填报本单位基本情况信息，虚报预算；未按规定将本单位全部收支纳入预算；未严格按项目任务需求科学编制项目支出预算，在项目支出中编报与项目无关内容或重复申请项目资金；申报项目未经充分论证和可行性研究，影响财政资金使用效益，项目预算执行进度缓慢，造成资金闲置；延续项目在申报预算时，未统筹结转结余资金，致使项目累计结余过大
2	预算编制及调整程序不合规	未严格执行预算编制管理程序，对预算编制未进行逐项审核并由归口管理部门报分管领导审定；调整预算未严格履行相关报批程序
3	预算执行不规范	未严格按照预算批复执行预算，存在挤占挪用情况。比如，挪用财政项目资金用于人员支出或与项目无关的支出；挤占项目经费，无预算列支相关费用（与项目有关），或超预算列支费用；预算支出不实，虚列支出套取资金，或向其他单位摊派转嫁相关费用，或未经批准自行变更项目内容、自行调剂使用项目资金；追加预算指标未按规定用途使用，将财政拨付的追加经费用于指标指定以外的支出，或是从追加预算资金中列支部分其他支出；预算执行率不满足考核要求；存在集中突击花钱现象
……	……	……

3. 财务收支的合规性、绩效性情况（见表6-8）

表6-8　　　　　　　　财务收支的合规性、绩效性情况

序号	问题描述	主要表现
1	基本支出不规范	（1）未严格遵守国家工资、社会保障的相关政策、规定和经费支出的开支范围，存在违规发放职工津补贴问题； （2）存在超范围、超标准列支公用经费用于人员福利支出问题

续表

序号	问题描述	主要表现
2	违规使用"三公"经费	(1) 存在超预算、无预算支出"三公"经费情况； (2) 未按规定加强出国（境）团组计划管理，未对经费渠道和支出标准进行严格审查。比如，出国（境）费实际支出超过预算规模，超标准乘坐头等舱，承担无关人员出国费，超标准列支因公出国费，向其他单位或下属企业摊派出国费，以其他名义列支因公出国费等； (3) 未落实公务用车使用登记、定点维修保养、保险、购油等制度。比如，公务用车购置及运行费实际支出超过预算规模，未严格执行"定点保险、定点维修、定点加油"规定，超编制超标准配备公务用车，配备或使用公务用车的人员重复领取交通补贴，公务用车内控制度执行不到位等； (4) 未按规定实施公务接待，比如，公务接待未事前报批，公务接待未落实清单制度，违规购买高档酒水和礼品用于公务接待，公务接待费支出超过预算，超范围超标准列支公务接待费等； (5) 以举办会议、培训等名义列支、转移、隐匿"三公"经费支出
3	会议费支出不合规	(1) 未建立并严格落实会议计划管理制度和会议费事前审批制度； (2) 存在在非定点饭店召开会议情况； (3) 未落实会议签到制度； (4) 存在虚报参会人员变相提高会议费标准等情况； (5) 存在在会议费中列支与会议无关支出，或套取会议费转出账外使用情况； (6) 未严格按照国家有关规定标准发放专家评审费和咨询费
4	培训费支出不合规	(1) 未建立并严格落实培训计划管理制度和培训费事前审批制度； (2) 未落实培训签到制度； (3) 存在虚报参加培训人员变相提高培训费标准等情况； (4) 存在在培训费中列支与培训无关支出，或套取培训费转出账外使用情况； (5) 未严格按照国家有关规定标准发放专家评审费和咨询费

续表

序号	问题描述	主要表现
5	差旅费支出不合规	（1）存在无明确公务目的的差旅活动； （2）超标准乘坐交通工具，或超标准住宿； （3）多领出差补助或多报销市内交通费； （4）存在向下属单位、地方单位、企业摊派住宿等费用情况
6	项目支出不合规	（1）项目的申报不符合部门履行职责及其发展的需要，未进行可行性研究论证，未按照轻重缓急的原则从项目库中择优遴选等； （2）项目实际执行与申报内容不一致； （3）未按照项目计划和进度组织实施； （4）存在自行扩大支出范围、提高开支标准、挤占挪用项目资金问题； （5）在项目经费中列支人员经费、会议支出等问题； （6）形成大量资金结余，存在资金效益不高、损失浪费严重等问题
7	其他支出不合规	（1）存在未经批准举办节会、庆典、论坛等情况； （2）出书办刊和内部宣传制作等方面存在铺张浪费，或存在其他与压缩行政成本相悖的情况； （3）政采未做到应采尽采，存在政府购买服务不当等问题； （4）政府购买服务项目存在对列入政府购买服务"负面清单"的事项实施采购的情况； （5）政府购买服务承接主体存在违规由职责不匹配的行政事业单位提供服务等问题； （6）政府履职所需辅助性服务事项，对各部门能自行完成的（如：各部门应独立完成的调研课题、会议、培训、党务事项等）或能通过加强事中事后监管解决的，未按规定执行，进行外包购买，绩效目标不合理； （7）支出中涉及的政府采购类支出未贯彻落实支持中小企业、贫困地区发展等政策，未对中小企业、贫困地区等预留采购份额
……	……	……

4. 资产管理情况（见表6-9）

表6-9　　　　　　　　　　资产管理情况

序号	问题描述	主要表现
1	资产管理制度不健全	单位资产管理制度中未对采购申请、批准、实施采购、资产验收、领用、日常管理等各环节的岗位职责进行明确
2	固定资产管理不规范，未纳入单位固定资产管理，账实不符	在财务核算上登记固定资产明细账，在资产管理上未建固定资产登记卡和实物台账，财务资料无法真实完整地反映固定资产增减、使用、管理等变化情况。每年末没有及时进行实物资产盘点，账实不符
3	未对资产做到全生命周期管理，存在资产流失、闲置、浪费等现象	没有根据单位实际制定操作性强的固定资产购置、验收、保管、使用、清查等相关制度规范，现场检查发现存在资产流失、闲置、浪费等现象
4	实行政府采购的单位，未按规定执行政府采购	政府采购是指各级国家机关、事业单位、团体组织，使用财政性资金采购依法规定的集中采购目录以内的或者采购限额标准以上的货物、工程和服务的行为，存在未执行政府采购程序行为
5	资产使用效率不高，没有开放共享	单位对购置的固定资产状况并不十分清楚，一般掌握在单位内部使用，没有做到开放共享，大型资产使用效率不高
6	资产配置超标	单位资产从配置数量和配置标准方面均存在超标的情况
7	国有资产处置不规范	未按照规定程序评估报批处置，存在资产流失风险；部分资产处置、出租收益较低或无偿提供他人使用；部分国有资产产权不明晰，长期闲置不发挥效益
8	违规使用国有资产	未经批准，擅自将占有、使用的国有资产出租、出借、对外投资、担保
……	……	……

5. 收入管理情况（见表6-10）

表6-10　　　　　　　　　　收入管理情况

序号	问题描述	主要表现
1	违反收支两条线规定	存在违反收支两条线规定的情况。比如，对固定资产处置收入未执行收支两条线规定
2	未及时上缴国库资金	存在不及时上缴国库资金问题。比如，基建项目完工后，项目结余资金未及时上缴国库

续表

序号	问题描述	主要表现
3	未按规定收取费用	存在擅自设立行政收费项目、扩大收费范围、提高收费标准问题
4	收入管理不合规	(1) 存在截留、坐支、私分行政性收费和罚没收入，私设"小金库"问题； (2) 存在违规占用、使用罚没物品问题； (3) 相关处罚台账、文书资料不齐全
……	……	……

6. 财务管理情况（见表 6-11）

表 6-11　　　　　　　　　财务管理情况

序号	问题描述	主要表现
1	未规范设置会计科目	未按照国家统一的会计制度设置会计科目
2	未真实核算经济业务	未根据真实发生的经济业务进行会计核算、填制会计凭证、登记会计账簿
3	未严格执行公务卡结算规定	未严格执行中央预算单位公务卡强制结算规定
4	报销审核不严格	(1) 未建立严密的支出报销审核程序，比如，报销制度层面审批流程存在明显错误或容易误解的地方；单位规定的报销时间跨度过长，会计事项的账务处理应当在当期内进行，不能延至下一会计期间或提前至上一会计期间；财务不相容岗位设置不符合分离要求（包括会计和出纳、会计和审计、支票与印章等财务基本要求）； (2) 未严格执行各项经费开支范围和标准
5	账务设置不合规	存在账外账，私设"小金库"等问题
6	往来款长期挂账未及时清理	未按规定及时清理往来款项
7	原始凭据不合规	报销所附原始凭据不合规或不真实，账务资料存在随意涂改或拆解的现象
8	税收管理不规范	税收管理不规范，未代扣代缴个人所得税，存在违规抵扣进项税额问题

续表

序号	问题描述	主要表现
9	会计档案管理不规范	会计资料缺少关键要素,如原始票据、报销凭证(如会议签到表、劳务签领单等);会计凭证未按要求定期进行装订,装订不及时、不规范
……	……	……

7. 对所属单位监督管理情况(见表6-12)

表6-12　　　　　　　　对所属单位监督管理情况

序号	问题描述	主要表现
1	对所属单位的监管制度不健全	未建立健全对所属单位的监管制度,对所属单位未切实加强组织领导,未建立健全工作机制
2	对所属单位监管不力	(1) 对所属单位重大决策事项未在实施前、实施中和实施后进行全程监管,监督检查措施无效; (2) 存在由于疏于监督管理,造成所属单位在执行非税收入、基本支出、项目支出、专项资金使用、政府采购、基本建设、国有资产处置等财经法纪方面出现比较普遍或者突出的问题; (3) 存在利用所属单位资金违规发放津贴补贴或福利问题
……	……	……

8. 机构设置、编制使用情况(见表6-13)

表6-13　　　　　　　　机构设置、编制使用情况

序号	问题描述	主要表现
1	机构设置不合规	(1) 未按照部门(单位)"三定"规定的要求设置机构和增加内设机构,存在未经批准擅自设立机构或者增加内设机构; (2) 存在"挂牌机构"实体运行,租用独立办公场所问题; (3) 存在临时机构工作完成后不撤销,资产管理不清问题

续表

序号	问题描述	主要表现
2	人员编制不合规	(1) 存在"超编进人"、混用或挤占编制的情况； (2) 存在在编不在岗人员、已调离人员不办理核减编制手续，被降级、撤职等处分人员仍在原单位、按原职级领取工资和津贴补贴等"吃空饷"问题； (3) 存在超机构规格和权限配备领导职数，不及时办理退休手续造成多支出财政资金问题
……	……	……

9. 合同管理情况（见表 6-14）

表 6-14　　　　　合同管理情况

序号	问题描述	主要表现
1	合同管理制度不健全	合同管理制度关键要素或内容缺失，直接影响该制度执行效果。如未合理设置岗位，未明确合同的授权审批和签署权限，未妥善保管和使用合同专用章，存在未经授权擅自以单位名义对外签订合同现象。未对合同实施归口管理，未建立财会部门与合同归口管理部门的沟通协调机制，未实现合同管理与预算管理、收支管理相结合等
2	合同起草不规范	合同签订未经集体研究并征求法律顾问意见，合同条款不符合集体研究初衷，导致合同执行过程中发生纠纷，不能严格按照合同进度推进项目，政府权益得不到应有的保障，造成财政资金或国有资产流失
3	合同内部审查不严格，管理不规范	未建立合同履行监督审查制度或建立了相关制度但实际执行不严格，所签署的合同内容明显不合常理或存在较大执行风险
4	合同签署不规范	合同双方只约定了工期天数，未约定服务、期限的开始及结束时间，存在合同履约风险。合同签订时间只明确到年，未明确到具体的月、日，存在合同履约风险。合同落款处签订日期为空白
5	合同倒签	合同日期晚于合同服务起始时间
6	大额采购业务没有签署合同	设备、材料等大额采购支出应签署合同而未签署，仅有发票和付款，验收环节无有效依据

续表

序号	问题描述	主要表现
7	合同档案管理混乱，资料不完整	合同归口管理部门不重视对合同登记的管理，未定期对合同进行统计、分类和归档，详细登记合同的订立、履行和变更情况，未实行对合同的全过程管理
……	……	……

10. 采购管理情况（见表6-15）

表6-15　　　　　　　　　采购管理情况

序号	问题描述	主要表现
1	应纳入集中采购目录的政府采购项目未实行集中采购	存在将审计及购置办公用品等应纳入集中采购目录的政府采购项目费用直接支付给非政府采购定点单位问题
2	政府采购制度执行不到位	未按政府采购法相关规定进行货物或服务采购；对限额以下的物品未按要求在网上商城采购；对采购项目进行拆标，规避公开招标程序
3	未按照规定履行适当的政府采购程序	存在工程项目合同金额已达到政府采购限额标准，未履行政府采购程序问题
……	……	……

（五）在经济活动中落实有关党风廉政建设责任和遵守廉洁从政规定情况方面的问题

1. 落实党风廉政建设责任制情况（见表6-16）

表6-16　　　　　　　　落实党风廉政建设责任制情况

序号	问题描述	主要表现
1	党风廉政制度不健全	未建立健全党风廉政建设各项制度
2	未严格执行党风廉政制度	在重要经济事项中未严格执行廉洁从政制度； 在重要经济活动中存在制度与执行脱节情况； 分管财务、基建、采购领域的领导干部存在违反制度规定的情况； 班子成员未落实"一岗双责"
……	……	……

2. 被审计领导干部本人遵守廉政规定情况（见表 6-17）

表 6-17　　　　被审计领导干部本人遵守廉政规定情况

序号	问题描述	主要表现
1	违规配备办公用房和用车	存在超标准配备办公用房和用车问题
2	违规使用住房和公务车辆	（1）无偿使用单位宿舍和房屋； （2）违规使用公务用车
3	违规报销费用支出	（1）在出差、出国等公务活动中超标准支出； （2）借公务之机外出旅游； （3）存在违规公款职务消费； （4）在单位报销应由个人负担的费用； （5）在下属单位或相关单位报销个人费用
4	违规领取津补贴或其他收入	（1）存在违规领取津贴补贴的情况； （2）在下属单位违规任（兼）职取酬

3. "八项规定"及实施细则精神落实情况（见表 6-18）

表 6-18　　　　"八项规定"及实施细则精神落实情况

序号	问题描述	主要表现
1	未厉行节约，落实过"紧日子"的要求	未着力压减一般性支出
2	违规使用"三公"经费	（1）单位违规使用"三公"经费； （2）在下属单位或其他单位列支"三公"经费； （3）违规购买高档白酒； （4）存在在食堂违规列支招待费、发放福利、套取资金的情况
3	违规发放津补贴	存在违规发放津补贴、过节费的行为
4	违反规定兼职取酬	（1）存在违反领导干部廉洁从政规定的行为； （2）存在退休领导干部兼职取酬情况

（六）以前年度审计（巡视、检查）需要整改方面的问题（见表6-19）

表6-19　　以前年度审计（巡视、检查）需要整改方面的问题

序号	问题描述	主要表现
1	拒不整改	单位拒绝按照检查主体提出的问题和要求进行整改
2	虚假整改	单位存在虚假整改而实际未整改行为
3	整改不到位	单位未按照检查主体提出的问题和要求进行整改或没达到整改要求

三、对审计发现的问题进行定性

针对上述审计发现的问题，审计人员要对审计证据证实的事项进行分析，对其中存在问题的性质对照相应的法规予以定性，并提出相应的处理意见和建议。审计定性是审计工作的一道关键环节，定性是否准确，关系到最终审计结果的质量。审计定性引用的法规必须有效，引用的法律条款必须具体化，搞清法律法规、部门规章及制度的主次关系，绝不可以引用无法律效力的部门制度和规定。

针对行政事业单位领导干部经济责任审计，常见的审计问题定性依据参考如下：

(一) 集体决策方面的问题（见表6-20）

表6-20　　　　　　　　　集体决策方面的问题

序号	问题描述	制度依据
1	是否制定单位分党组（党委）会、行政办公会等议事决策规则，明确各自决策事项、范围、程序	《行政事业单位内部控制规范（试行）》（财会〔2012〕21号）第十四条"单位经济活动的决策、执行和监督应当相互分离。单位应当建立健全集体研究、专家论证和技术咨询相结合的议事决策机制。重大经济事项的内部决策，应当由单位领导班子集体研究决定。重大经济事项的认定标准应当根据有关规定和本单位实际情况确定，一经确定，不得随意变更。"
2	是否结合单位实际情况明确重大经济事项的认定标准，是否存在大额资金支出、大额资产处置金额标准不明确或标准过高规避集体决策的问题	
3	重大事项决策前是否经过调查研究、征求意见、专业评估及合法合规性审查等	
4	是否存在重大项目安排、大额资金使用、大额资产处置、预算安排、对外投资等重大事项未履行党委（分党组）集体决策程序或决策程序倒的问题	《中国共产党党组工作条例》第十七条"党组讨论和决定本单位下列重大问题：……（六）重大项目安排；（七）大额资金使用、大额资产处置、预算安排。……"
5	重大事项决策程序是否规范，是否存在以传阅、会签或个别征求意见等方式代替集体决策	《中国共产党党组工作条例》第三十二条"党组决策一般采用党组会议形式。……"及第三十四条"党组会议议题提交表决前，应当进行充分讨论。表决可以采用口头、举手、无记名投票或者记名投票等方式进行，赞成票超过应到会党组成员半数为通过。未到会党组成员的书面意见不得计入票数。表决实行会议主持人末位表态制。会议研究决定多个事项的，应当逐项进行表决。党组会议由专门人员如实记录，决定事项应当编发会议纪要，并按照规定存档备查。"
6	党组（党委）会、行政办公会会议记录、会议纪要记录是否完整、详细并存档备查，会议记录是否经参会人员签字确认，会议纪要是否履行审批程序	
……	……	……

(二) 内控机制建设方面的问题 (见表 6-21)

表 6-21　　　　　　　　　内控机制建设方面的问题

序号	问题描述	制度依据
1	单位内部管理制度是否健全，是否存在未制定内部控制体系及预算管理、财务收支、政府采购、资产管理、建设项目管理、合同管理等制度或修订不及时的问题	《行政事业单位内部控制规范（试行）》（财会〔2012〕21号）第七条"单位应当根据本规范建立适合本单位实际情况的内部控制体系，并组织实施。具体工作包括梳理单位各类经济活动的业务流程，明确业务环节，系统分析经济活动风险，确定风险点，选择风险应对策略，在此基础上根据国家有关规定建立健全单位各项内部管理制度并督促相关工作人员认真执行。"
2	是否存在管理制度同单位管理实际需要脱节问题；是否存在内部管理制度规定同国家相关制度规定不一致问题。是否存在单位管理制度条款间冲突问题	
3	授权批准与业务经办、会计记录与财产保管、授权批准与监督检查等关键岗位是否实现不相容岗位相互分离，如：是否存在会计兼任出纳岗、出纳负责银行对账、资产实物管理和记账由一人兼任等问题	《行政事业单位内部控制规范（试行）》（财会〔2012〕21号）第十二条"单位内部控制的控制方法一般包括：（一）不相容岗位相互分离，合理设置内部控制关键岗位，明确划分职责权限，实施相应的分离措施，形成相互制约、相互监督的工作机制。……"
……	……	……

(三) 合同管理方面的问题 (见表 6-22)

表 6-22　　　　　　　　　合同管理方面的问题

序号	问题描述	制度依据
1	是否严格执行内部授权审批制度；是否存在先签订合同支付款项，后履行审批程序的情况	《行政事业单位内部控制规范（试行）》（财会〔2012〕21号）第十二条"单位内部控制的控制方法一般包括：……（二）内部授权审批控制。明确各岗位办理业务和事项的权限范围、审批程序和相关责任，建立重大事项集体决策和会签制度。相关工作人员应当在授权范围内行使职权、办理业务。……"

续表

序号	问题描述	制度依据
2	合同管理制度是否明确合同订立的范围和条件,是否存在应签未签合同的问题	《行政事业单位内部控制规范(试行)》(财会〔2012〕21号)第五十五条"单位应当加强对合同订立的管理,明确合同订立的范围和条件。……"
3	是否对合同实施归口管理	《行政事业单位内部控制规范(试行)》(财会〔2012〕21号)第五十四条"单位应当建立健全合同内部管理制度。……单位应当对合同实施归口管理,建立财会部门与合同归口管理部门的沟通协调机制,实现合同管理与预算管理、收支管理相结合。"
4	是否存在合同签订未履行内部审批程序的问题;是否存在未经授权擅自以单位名义对外签订合同的问题;是否存在合同审批日期晚于合同签订日期、合同签订时间晚于合同执行日期的问题;是否存在未经法定代表人或授权代表签字、未签署日期等问题	《行政事业单位内部控制规范(试行)》(财会〔2012〕21号)第五十四条"……明确合同的授权审批和签署权限,妥善保管和使用合同专用章,严禁未经授权擅自以单位名义对外签订合同。……"
5	是否对合同履行情况实施有效监控,是否存在未履行合同条款的问题	《行政事业单位内部控制规范(试行)》(财会〔2012〕21号)第五十六条"单位应当对合同履行情况实施有效监控。合同履行过程中,因对方或单位自身原因导致可能无法按时履行的,应当及时采取应对措施。单位应当建立合同履行监督审查制度。对合同履行中签订补充合同,或变更、解除合同等应当按照国家有关规定进行审查。"
6	是否存在未按合同约定提前付款或延迟收款的问题;是否存在未按合同约定履行验收程序即付款的问题;是否存在比合同约定多结算合同款的情况	《行政事业单位内部控制规范(试行)》(财会〔2012〕21号)第五十七条"财会部门应当根据合同履行情况办理价款结算和进行账务处理。未按照合同条款履约的,财会部门应当在付款之前向单位有关负责人报告。"

续表

序号	问题描述	制度依据
7	合同归口管理部门是否加强对合同登记的管理、合同信息登记记录是否完整	《行政事业单位内部控制规范（试行）》（财会〔2012〕21号）第五十八条"合同归口管理部门应当加强对合同登记的管理，定期对合同进行统计、分类和归档，详细登记合同的订立、履行和变更情况，实行对合同的全过程管理。与单位经济活动相关的合同应当同时提交财会部门作为账务处理的依据。……"
……	……	……

（四）预决算管理方面的问题

1. 预算编制与调剂方面的问题（见表6-23）

表6-23　　　　　　　　预算编制与调剂方面的问题

序号	问题描述	制度依据
1	单位预算编报是否科学完整，是否存在未将结转资金、国有资产出租收入、投资收益等纳入预算编报范围的问题	《行政单位财务规则》（财政部令2023年第113号）第十条"行政单位编制预算，应当综合考虑以下因素：（一）年度工作计划和收支预测；（二）以前年度预算执行情况；（三）以前年度结转和结余情况；（四）资产配置标准和存量资产情况；（五）有关绩效结果；（六）其他因素。"及第十八条"行政单位应当将各项收入全部纳入单位预算，统一核算，统一管理，未纳入预算的收入不得安排支出。"
2	是否存在预算收入支出及结转资金估计不充分、编制不准确，导致预算执行率过高或过低的问题	《事业单位财务规则》（财政部令2022年第108号）第九条"事业单位参考以前年度预算执行情况，根据预算年度的收入增减因素和措施，以及以前年度结转和结余情况，测算编制收入预算草案；根据事业发展需要与财力可能，测算编制支出预算草案。"及第十八条"事业单位应当将各项收入全部纳入单位预算，统一核算，统一管理，未纳入预算的收入不得安排支出。"
3	是否存在多头申请或重复申请同一项目套取财政资金的问题	

续表

序号	问题描述	制度依据
4	预算调剂是否存在未履行审批或备案程序自行调剂预算的问题	《中华人民共和国预算法》第七十二条"各部门、各单位的预算支出应当按照预算科目执行。严格控制不同预算科目、预算级次或者项目间的预算资金的调剂，确需调剂使用的，按照国务院财政部门的规定办理。"
……	……	……

2. 预算执行方面的问题（见表6-24）

表6-24　　　　　预算执行方面的问题

序号	问题描述	制度依据
1	单位预算执行是否规范，是否存在超标准、超范围列支费用的问题	《中华人民共和国预算法》第五十四条"……预算经本级人民代表大会批准后，按照批准的预算执行。"及第六十三条"各部门、各单位应当加强对预算收入和支出的管理，不得截留或者动用应当上缴的预算收入，不得擅自改变预算支出的用途。"《中华人民共和国预算法实施条例》第六十条"各级政府、各部门、各单位应当加强对预算支出的管理，严格执行预算，遵守财政制度，强化预算约束，不得擅自扩大支出范围、提高开支标准；严格按照预算规定的支出用途使用资金，合理安排支出进度。"
2	是否存在人员经费挤占公用经费、项目经费的问题	
3	是否存在公用经费挤占项目经费的问题	
4	是否存在擅自改变预算支出用途的问题；是否存在预算支出安排不合理、年底突击花钱的问题	
5	是否存在项目推进缓慢、年度预算执行率较低的问题；是否存在使用当年预算资金支付以后年度费用的问题	
6	是否存在非本级财政拨款项目长期未完成，资金长期结存问题	
……	……	……

3. 决算编制与绩效管理方面的问题（见表6-25）

表6-25　　　　　　　　决算编制与绩效管理方面的问题

序号	问题描述	制度依据
1	单位决算编报是否真实准确，是否存在决算数据同财务账、资产账数据及人员数据不一致的问题	《中华人民共和国预算法实施条例》第八十三条"各级政府财政部门、各部门、各单位在每一预算年度终了时，应当清理核实全年预算收入、支出数据和往来款项，做好决算数据对账工作。决算各项数据应当以经核实的各级政府、各部门、各单位会计数据为准，不得以估计数据替代，不得弄虚作假。各部门、各单位决算应当列示结转、结余资金。"
2	是否存在绩效目标、指标设定不科学、不细化、无法衡量的问题	《中央部门预算绩效目标管理办法》（财预〔2015〕88号）第十三条"设定的绩效目标应当符合以下要求：（一）指向明确。……（二）细化量化。……（三）合理可行。……（四）相应匹配。……"
3	是否存在绩效自评依据不充分、自评结果不客观的问题	《项目支出绩效评价管理办法》（财预〔2020〕10号）第二十五条"单位自评结果主要通过项目支出绩效自评表的形式反映，做到内容完整、权重合理、数据真实、结果客观。……"
……	……	……

(五) 收支管理方面的问题（见表6-26）

表6-26　　　　　　　　　收支管理方面的问题

序号	问题描述	制度依据
1	是否将全部收入纳入账内核算； 是否存在违规利用资产处置、出租、培训等收入设立账外账、"小金库"的问题	《行政单位财务规则》（财政部令2023年第113号）第十八条"行政单位应当将各项收入全部纳入单位预算，统一核算，统一管理，未纳入预算的收入不得安排支出。" 《事业单位财务规则》（财政部令2022年第108号）第十八条"事业单位应当将各项收入全部纳入单位预算，统一核算，统一管理，未纳入预算的收入不得安排支出。" 《行政事业单位内部控制规范（试行）》第二十六条"单位的各项收入应当由财会部门归口管理并进行会计核算，严禁设立账外账。"
2	是否建立完善的支出审批流程并严格执行； 是否存在未经审批报销费用的问题； 是否存在违规扩大开支范围、提高开支标准的问题； 是否存在往来款科目列收列支的问题	《行政单位财务规则》（财政部令2023年第113号）第二十一条"行政单位应当严格执行国家规定的开支范围及标准，不得擅自扩大开支范围、提高开支标准，建立健全支出管理制度，合理安排支出进度，严控一般性支出。" 《事业单位财务规则》（财政部令2022年第108号）第二十二条"事业单位应当将各项支出全部纳入单位预算，实行项目库管理，建立健全支出管理制度。"及第二十三条"事业单位的支出应当厉行节约，严格执行国家有关财务规章制度规定的开支范围及开支标准；国家有关财务规章制度没有统一规定的，由事业单位规定，报主管部门和财政部门备案。……"
3	是否存在虚列支出、以虚假事项列支的问题	《中华人民共和国预算法》第五十七条"……各级政府、各部门、各单位的支出必须按照预算执行，不得虚假列支。……"
……	……	……

(六) 费用支出方面的问题

1. 工资福利支出方面的问题（见表6-27）

表6-27　　　　　　　　工资福利支出方面的问题

序号	问题描述	制度依据
1	是否存在超过国家规定标准发放津贴补贴的问题	《事业单位财务规则》第二十三条"事业单位的支出应当厉行节约，严格执行国家有关财务规章制度规定的开支范围及开支标准；国家有关财务规章制度没有统一规定的，由事业单位规定，报主管部门和财政部门备案。……"
2	是否存在超过国家规定标准发放年休假工资的问题；是否存在给本单位职工发放劳务费的问题；是否存在执行绩效工资制度后单独发放年终一次性奖金以及自行发放国家规定以外的津补贴、奖金、过节费的问题	
3	是否存在绩效工资制度不健全、制修订绩效工资制度未向上级履行报批程序等问题；是否存在超核定的绩效工资标准发放绩效工资的问题	
……	……	……

2. 公务接待费支出方面的问题（见表6-28）

表6-28　　　　　　　　公务接待费支出方面的问题

序号	问题描述	制度依据
1	是否存在报销公务接待费无公函和接待清单的问题	《党政机关国内公务接待管理规定》（中办发〔2013〕22号）第七条"……无公函的公务活动和来访人员一律不予接待。公务活动结束后，接待单位应当如实填写接待清单，并由相关负责人审签。接待清单包括接待对象的单位、姓名、职务和公务活动项目、时间、场所、费用等内容。"

续表

序号	问题描述	制度依据
2	是否存在接待陪餐人数超标准及提供高档菜肴、香烟和高档酒水的问题	《党政机关国内公务接待管理规定》（中办发〔2013〕22号）第十条"接待对象应当按照规定标准自行用餐，确因工作需要，接待单位可以安排工作餐一次，并严格控制陪餐人数。接待对象在10人以内的，陪餐人数不得超过3人；超过10人的，不得超过接待对象人数的三分之一。工作餐应当供应家常菜，不得提供鱼翅、燕窝等高档菜肴和用野生保护动物制作的菜肴，不得提供香烟和高档酒水，不得使用私人会所、高消费餐饮场所。"
3	是否存在以举办会议、培训为名列支、转移、隐匿接待费用问题；是否存在向所属单位转嫁接待费用的问题；是否存在超预算列支公务接待费的问题	《党政机关国内公务接待管理规定》（中办发〔2013〕22号）第十二条"各级党政机关应当加强对国内公务接待经费的预算管理，合理限定接待费预算总额。公务接待费用应当全部纳入预算管理，单独列示。禁止在接待费中列支应当由接待对象承担的差旅、会议、培训等费用，禁止以举办会议、培训为名列支、转移、隐匿接待费开支；禁止向下级单位及其他单位、企业、个人转嫁接待费用，禁止在非税收入中坐支接待费用；禁止借公务接待名义列支其他支出。"
……	……	……

3. 因公出国（境）经费支出方面的问题（见表6-29）

表 6-29　　　　　　　　因公出国（境）经费支出方面的问题

序号	问题描述	制度依据
1	因公出国经费预算及出国计划编制是否合理，是否存在出国经费预算同出国计划不衔接的问题；是否存在超预算、无预算或未经审批安排出国团组的问题	《因公临时出国经费管理办法》（财行〔2013〕516号）第四条"因公临时出国经费应当全部纳入预算管理……不得超预算或无预算安排出访团组。确有特殊需要的，按规定程序报批。"及第五条"出访团组实行计划审批管理……各地区各部门各单位应当认真贯彻中央有关外事管理规定，科学制订年度因公临时出国计划，认真履行因公临时出国计划报批制度……"
2	是否存在超标准、超范围报销因公临时出国经费的问题；是否存在变相公款出国（境）旅游、擅自变更出国路线的问题；是否存在持因私护照出国执行公务的问题；是否存在向所属单位摊派或转嫁出国费用、接受企业资助的问题	《因公临时出国经费管理办法》（财行〔2013〕516号）第六条"各地区各部门各单位应当严格执行各项经费开支标准，不得擅自突破，严禁接受或变相接受企事业单位资助，严禁向同级机关、下级机关、下属单位、企业、驻外机构等摊派或转嫁出访费用。"及第十六条"……各单位财务部门应当根据本办法制定本单位财务报销审批的具体规定，加强对因公临时出国团组的经费核销管理。……严格按照批准的出国团组人员、天数、路线、经费预算及开支标准核销经费，不得核销与出访任务无关的开支。"
……	……	……

4. 公务用车经费支出方面的问题（见表 6-30）

表 6-30　　　　　　　　公务用车经费支出方面的问题

序号	问题描述	制度依据
1	是否存在超预算列支公务用车运行维护费问题	《党政机关公务用车管理办法》（中办发〔2017〕71号）第十一条"财政部门会同公务用车主管部门制定公务用车运行费用定额标准，统筹安排公务用车运行费用，列入党政机关部门预算。"

续表

序号	问题描述	制度依据
2	是否存在单位领导干部既领取公务交通补贴又报销公务交通费用的问题	《党政机关公务用车管理办法》（中办发〔2017〕71号）第十六条"党政机关应当加强公务用车使用管理，严格按照规定使用公务用车，严禁公车私用、私车公养，不得既领取公务交通补贴又违规使用公务用车。"
3	是否存在报销非政府采购定点单位采购的公务用车保险、维修、加油费用的问题	《党政机关公务用车管理办法》（中办发〔2017〕71号）第二十条"……实行公务用车保险、维修、加油政府集中采购和定点保险、定点维修、定点加油制度……"
4	是否存在每月按固定数额报销的方式变相发放交通补贴的问题	《中央事业单位公务用车制度改革实施意见》"……三、（二）……不得既发放公务交通补贴又报销公务交通费用……避免普遍发放交通补贴或允许限额报销的福利化改革倾向。……"
5	是否按规定登记公务用车使用时间、事由、地点、里程、油耗、费用等信息；是否定期公示公车使用信息；节假日是否封存停驶公车，是否存在公车私用的问题	《党政机关公务用车管理办法》（中办发〔2017〕71号）第二十条"党政机关应当建立健全公务用车使用管理制度，严格执行，加强监督，降低运行成本。严格公务用车使用时间、事由、地点、里程、油耗、费用等信息登记和公示制度。严格执行回单位或者其他指定地点停放制度，节假日期间除工作需要外应当封存停驶。……"
……	……	……

5. 会议费支出方面的问题（见表6-31）

表6-31　　　　　　　会议费支出方面的问题

序号	问题描述	制度依据
1	是否存在未编制年度会议计划或编制、追加会议计划未履行内部审批程序等问题	《中央和国家机关会议费管理办法》（财行〔2016〕214号）第四条"各单位召开的会议实行分类管理、分级审批。"及第九条"各单位应当严格控制会议规模。……"

续表

序号	问题描述	制度依据
2	是否存在在非会议定点单位、明令禁止的风景名胜区召开会议的问题	《中央和国家机关会议费管理办法》（财行〔2016〕214号）第十三条"参会人员以在京单位为主的会议不得到京外召开。各单位不得到党中央、国务院明令禁止的风景名胜区召开会议。"
3	是否存在向所属单位转嫁、摊派会议费问题	《中央和国家机关会议费管理办法》（财行〔2016〕214号）第十六条"……会议费由会议召开单位承担，不得向参会人员收取，不得以任何方式向下属机构、企事业单位、地方转嫁或摊派。"
4	是否存在借会议名义组织会餐、安排宴请或套取会议费设立"小金库"、列支公务接待费等问题	《中央和国家机关会议费管理办法》（财行〔2016〕214号）第二十七条"严禁各单位借会议名义组织会餐或安排宴请；严禁套取会议费设立'小金库'；严禁在会议费中列支公务接待费。……"
5	科研事业单位是否制定本单位会议费管理办法，并严格按规定标准报销会议费	《关于进一步完善中央财政科研项目资金管理等政策的若干意见》（中办发〔2016〕50号）"……三、（二）……中央高校、科研院所因教学、科研需要举办的业务性会议（如学术会议、研讨会、评审会、座谈会、答辩会等），会议次数、天数、人数以及会议费开支范围、标准等，由中央高校、科研院所按照实事求是、精简高效、厉行节约的原则确定。……"
……	……	……

6. 培训费支出方面的问题（见表6-32）

表6-32　　　　　　培训费支出方面的问题

序号	问题描述	制度依据
1	是否存在未编制年度培训计划或编制培训计划未履行内部审批程序的问题	《中央和国家机关培训费管理办法》（财行〔2016〕540号）第五条"建立培训计划编报和审批制度。各单位培训主管部门制订的本单位年度培训计划（包括培训名称、目的、对象、内容、时间、地点、参训人数、所需经费及列支渠道等），经单位财务部门审核后，报单位领导办公会议或党组（党委）会议批准后施行。"

续表

序号	问题描述	制度依据
2	是否存在超标准、超范围报销培训费的问题； 是否存在培训费报销未附培训通知、实际参训人员签到表、费用明细等凭证的问题	《中央和国家机关培训费管理办法》（财行〔2016〕540号）第九条"除师资费外，培训费实行分类综合定额标准、分项核定、总额控制，各项费用之间可以调剂使用。……"及第十七条"报销培训费，综合定额范围内的，应当提供培训计划审批文件、培训通知、实际参训人员签到表以及培训机构出具的收款票据、费用明细等凭证；师资费范围内的，应当提供讲课费签收单或合同，异地授课的城市间交通费、住宿费、伙食费按照差旅费报销办法提供相关凭据；执行中经单位主要负责同志批准临时增加的培训项目，还应提供单位主要负责同志审批材料。各单位财务部门应当严格按照规定审核培训费开支，对未履行审批备案程序的培训，以及超范围、超标准开支的费用不予报销。"
3	是否存在向参加培训人员收取培训费的问题	《中央和国家机关培训费管理办法》（财行〔2016〕540号）第十九条"培训费由培训举办单位承担，不得向参训人员收取任何费用。"
4	是否存在借培训名义组织旅游、高标准健身、会餐或安排宴请、列支公务接待费、套取培训费设立"小金库"问题	《中央和国家机关培训费管理办法》（财行〔2016〕540号）第十四条"严禁借培训名义安排公款旅游；严禁借培训名义组织会餐或安排宴请；严禁组织高消费娱乐健身活动；严禁使用培训费购置电脑、复印机、打印机、传真机等固定资产以及开支与培训无关的其他费用；严禁在培训费中列支公务接待费、会议费；严禁套取培训费设立'小金库'。……"
……	……	……

7. 差旅费支出方面的问题（见表6-33）

表6-33　　　　　　　差旅费支出方面的问题

序号	问题描述	制度依据
1	是否存在未经审批公务出差或审批程序倒置的问题	《中央和国家机关差旅费管理办法》（财行〔2013〕531号）第四条"中央单位应当建立健全公务出差审批制度。……"
2	是否存在超标准报销差旅交通、住宿费的问题	《中央和国家机关差旅费管理办法》（财行〔2013〕531号）第二十五条"财务部门应当严格按规定审核差旅费开支，对未经批准出差以及超范围、超标准开支的费用不予报销。……"
3	是否存在无住宿发票、也无说明及审批材料报销差旅费的问题	《中央和国家机关差旅费管理办法有关问题的解答》（财办行〔2014〕90号）"出差人员实际发生住宿而无住宿费发票的，如果是住在自己家里的，或到边远地区出差，无法取得住宿费发票的，由出差人员说明情况并经所在部门领导批准，可以报销城市间交通费、伙食补助费和市内交通费，其他情况一般不予报销差旅费。"
4	是否存在购买公务机票未履行政府采购程序的问题	《关于加强公务机票购买管理有关事项的通知》（财库〔2014〕33号）"一、各级国家机关、事业单位和团体组织工作人员，以及使用财政性资金购买公务机票的其他人员，国内出差、因公临时出国购买机票，应当按照厉行节约和支持本国航空公司发展的原则，优先购买通过政府采购方式确定的我国航空公司航班优惠机票。"
5	科研事业单位是否制定本单位差旅费管理办法，并严格按规定标准报销科研人员交通、住宿费	《关于进一步完善中央财政科研项目资金管理等政策的若干意见》（中办发〔2016〕50号）"……三、完善中央高校、科研院所差旅会议管理（一）改进中央高校、科研院所教学科研人员差旅费管理。中央高校、科研院所可根据教学、科研、管理工作实际需要，按照精简高效、厉行节约的原则，研究制定差旅费管理办法，合理确定教学科研人员乘坐交通工具等级和住宿费标准。……"
……	……	……

(七) 资产管理方面的问题

1. 资产配置使用方面的问题（见表 6-34）

表 6-34 资产配置使用方面的问题

序号	问题描述	制度依据
1	是否按照国家有关资产管理规定，结合单位管理实际，制定固定资产、无形资产、投资办企业国有资产监督管理等制度，是否明确各类资产管理具体操作规程	《行政事业性国有资产管理条例》（国务院令第738号）第六条"各部门根据职责负责本部门及其所属单位国有资产管理工作，应当明确管理责任，指导、监督所属单位国有资产管理工作。各部门所属单位负责本单位行政事业性国有资产的具体管理，应当建立和完善内部控制管理制度。"
2	是否根据事业发展需要，结合资产存量、资产配置标准、绩效目标和财政承受能力配置资产，是否存在超标准配备办公用房、公务用车及办公设备家具等问题；是否存在房屋、电子设备等固定资产长期闲置的问题	《行政事业性国有资产管理条例》（国务院令第738号）第八条"各部门及其所属单位应当根据依法履行职能和事业发展的需要，结合资产存量、资产配置标准、绩效目标和财政承受能力配置资产。"
3	是否存在购置资产、租赁房屋等未申报配置计划或预算等问题	《中央行政事业单位国有资产配置管理办法》（财资〔2018〕98号）第六条"中央行政事业单位通过租用、购置、建设等方式配置资产应当按规定编制年度新增资产配置相关预算，按程序报财政部审核。纳入新增资产配置相关预算编制范围的资产类别，由财政部在布置年度部门预算时明确。" 《中央行政事业单位资产配置计划管理暂行办法》（国管资〔2018〕73号）第六条"各部门应当在全面盘点资产情况基础上，根据职能履行和事业发展需要，依据资产配置标准，综合考虑资产存量、增减变动和机构人员情况等因素，合理编制通用资产配置计划报表和编报说明，做到数据准确、内容完整、报送及时。"

续表

序号	问题描述	制度依据
4	是否存在资产信息登记不准确，多项资产按一项资产登记的问题；是否存在固定资产未粘贴标签的问题；新增资产是否及时验收、登记入账，是否存在资产购置未履行验收程序即登记入库的问题	《中央行政事业单位国有资产管理暂行办法》（国管资〔2009〕167号）第十五条"各部门应当建立健全资产账卡和档案管理制度，建立和完善资产管理信息系统；对新增资产应当及时验收、登记入账，并将资产变动情况录入资产管理信息系统。资产入账凭证是财务处理的依据。"
5	是否存在土地、房屋、车辆等固定资产未办理产权证书的问题	《关于加强行政事业单位固定资产管理的通知》（财资〔2020〕97号）"……二、（七）权属管理。切实做好固定资产产权管理，及时办理土地、房屋、车辆等固定资产权属证书，资产变动应办理权证变更登记，避免权属不清。涉及产权纠纷或不清晰的固定资产，应按照产权管理规定，厘清产权关系。"
6	是否存在领用资产未办理领用手续，资产使用人、管理人变化未办理交接手续，人员调离、退休未退还资产等问题	《行政事业性国有资产管理条例》（国务院令第738号）第十五条"……资产使用人、管理人发生变化的，应当及时办理资产交接手续。"《中央行政事业单位国有资产管理暂行办法》（国管资〔2009〕167号）第十七条"各部门应当建立资产领用交还制度。工作人员和机构配备资产，须办理领用手续；人员调离（退休）等，应当办理资产交还手续。"
7	是否定期对固定资产、存货等进行盘点、对账，是否形成规范的盘点表及盘点报告；是否及时处理盘盈盘亏资产；是否存在账实、账卡、账账不符的问题	《中央行政事业单位国有资产管理暂行办法》（国管资〔2009〕167号）第二十条"各部门应当每年进行资产全面清查盘点，并按规定调整相关账卡，做到账实、账卡、账账相符。对清查盘点中发现的问题，应当查明原因，说明情况，并在国有资产年度决算报告中反映。"

续表

序号	问题描述	制度依据
8	是否存在未经规范的可行性研究、未履行单位集体决策程序、未经批准进行对外投资的问题；是否存在未经批准出租、出借资产或审批程序倒置的问题；是否存在违规或无偿向所属企业出租出借办公用房、资金、提供抵押担保等问题	《行政事业性国有资产管理条例》（国务院令第738号）第十七条"事业单位利用国有资产对外投资应当有利于事业发展和实现国有资产保值增值，符合国家有关规定，经可行性研究和集体决策，按照规定权限和程序进行。……"《事业单位国有资产管理暂行办法》（财政部令2006年第36号，2019年修订）第二十一条"事业单位利用国有资产对外投资、出租、出借担保等应当进行必要的可行性论证，并提出申请，经主管部门审核同意后，报同级财政部门审批。法律、行政法规另有规定的，依照其规定。"
……	……	……

2. 资产处置方面的问题（见表6-35）

表6-35　　　　　　　　资产处置方面的问题

序号	问题描述	制度依据
1	资产无偿划转是否履行审批程序；是否存在资产划转后未核销资产账，导致重复记账、账实不符等问题	《中央行政事业单位国有资产处置管理办法》（财资〔2021〕127号）第十六条"……（一）中央行政事业单位之间无偿划转国有资产，以及中央行政事业单位对国有全资企业无偿划转国有资产，由划出方按照本办法第二章规定的相应权限履行审批手续……"
2	是否存在待报废资产大量积存未及时报废的问题；是否存在未履行内部集体决策程序、审批程序报废资产的问题	《中央行政事业单位国有资产处置管理办法》（财资〔2021〕127号）第四条"符合下列情形的中央行政事业单位国有资产应当予以处置：（一）因技术原因确需淘汰或者无法维修、无维修价值的……（三）超过使用年限且无法满足现有工作需要的……"及第五条"中央行政事业单位国有资产处置应当遵循公开、公正、公平和竞争择优的原则，按照规定权限履行审批手续，未经批准不得自行处置。"

续表

序号	问题描述	制度依据
3	是否存在转让资产收入、报废报损残值变价收入、所办一级企业清算收入等非税收入未及时上缴中央国库的问题	《中央行政事业单位国有资产处置管理办法》（财资〔2021〕127号）第三十二条"除国家另有规定外，中央行政事业单位国有资产处置收入，应当在扣除相关税金、资产评估费、拍卖佣金等费用后，按照政府非税收入和国库集中收缴管理有关规定及时上缴中央国库。……"
……	……	……

（八）对投资企业监管方面的问题（见表6-36）

表6-36　　　　　　对投资企业监管方面的问题

序号	问题描述	制度依据
1	是否存在现职和不担任现职但未退休的领导干部在所投资企业兼职（任职）、并领取薪酬等问题	《关于进一步规范党政领导干部在企业兼职（任职）问题的意见》（中组发〔2013〕18号）"一、现职和不担任现职但未办理退（离）休手续的党政领导干部不得在企业兼职（任职）。"
2	是否指导并督促所投资企业及时办理国有资本产权登记，是否存在企业未按规定办理国有产权登记证的问题	《中央党政机关和事业单位所属企业国有资本产权登记管理暂行办法》（财资〔2023〕90号）第十条"直接投资兴办或管理企业的行政事业单位为主办单位，履行以下职责：（一）根据财政部制定的部门所属企业产权登记管理规章制度和中央部门管理要求，指导并督促本单位所属企业开展产权登记工作……"
……	……	……

（九）政府采购方面的问题（见表6-37）

表6-37　　　　　　　　　政府采购方面的问题

序号	问题描述	制度依据
1	政府采购预算编报是否规范、准确，是否存在政府采购预算编报不完整的问题；是否存在未根据实际需要编报政府采购预算导致实际执行率较低的问题	《中央单位政府采购管理实施办法》（财库〔2004〕104号）第二十条"中央单位在编制下一财政年度部门预算时，应当将该财政年度政府采购项目及资金预算在政府采购预算表中单列，按程序逐级上报主管部门。主管部门审核汇总后报财政部。年度政府采购项目按国务院颁发年度中央预算单位政府集中采购目录及采购限额标准执行。"
2	是否存在采购纳入政府集中采购目录及采购限额标准的货物、工程、服务（如车辆维修、印刷服务、购买公务机票）未履行政府采购程序的问题；是否存在自行采购应实行集中采购的货物服务的问题；是否存在达到公开招标数额标准的非涉密货物、服务未公开招标的问题；是否存在变更采购方式未履行审批程序的问题	《中央单位政府采购管理实施办法》（财库〔2004〕104号）第十二条"中央单位达到公开招标数额标准的采购项目，应当采用公开招标采购方式。因特殊情况需要采取公开招标以外的邀请招标、竞争性谈判、询价和单一来源等采购方式的，应当在采购活动开始前报财政部批准。"及第二十条"……年度政府采购项目按国务院颁发的年度中央预算单位政府集中采购目录及采购限额标准执行。"
3	非科研单位是否存在未经审批采购进口产品的问题；科研单位是否存在未经备案采购进口产品的问题	《政府采购进口产品管理办法》（财库〔2007〕119号）第七条"采购人需要采购的产品在中国境内无法获取或者无法以合理的商业条件获取，以及法律法规另有规定确需采购进口产品的，应当在获得财政部门核准后，依法开展政府采购活动。"《关于进一步完善中央财政科研项目资金管理等政策的若干意见》（中办发〔2016〕50号）"……四、（二）优化进口仪器设备采购服务。对中央高校、科研院所采购进口仪器设备实行备案制管理。继续落实进口科研教学用品免税政策。……"

续表

序号	问题描述	制度依据
4	采购台式计算机、一体式计算机、工作站、操作系统、通用数据库、便携式计算机、数据库等产品时，是否为CPU、操作系统、数据库符合安全可靠评测的产品，是否存在未经审批例外采购的问题	《台式计算机政府采购需求标准（2023）》（财库〔2023〕29号）、《便携式计算机政府采购需求标准（2023）》（财库〔2023〕30号）、《一体式计算机政府采购需求标准（2023）》（财库〔2023〕31号）、《工作站政府采购需求标准（2023）》（财库〔2023〕32号）、《通用服务器政府采购需求标准（2023）》（财库〔2023〕33号）、《操作系统政府采购需求标准（2023）》（财库〔2023〕34号）、《数据库政府采购需求标准（2023）》（财库〔2023〕35号）等文件中"乡镇以上党政机关以及乡镇以上党委和政府直属事业单位及部门所属为机关提供支持保障的事业单位在采购台式计算机、一体式计算机、工作站、操作系统、通用数据库、便携式计算机、数据库等产品时，应当将CPU、操作系统、数据库符合安全可靠评测要求纳入采购需求。"
5	是否按规定开展政府采购需求调查，是否按要求及时报送需求调查进度	《政府采购需求管理办法》（财库〔2021〕22号）第十一条"对于下列采购项目，应当开展需求调查：（一）1000万元以上的货物、服务采购项目，3000万元以上的工程采购项目；（二）涉及公共利益、社会关注度较高的采购项目，包括政府向社会公众提供的公共服务项目等；（三）技术复杂、专业性较强的项目，包括需定制开发的信息化建设项目、采购进口产品的项目等；（四）主管预算单位或者采购人认为需要开展需求调查的其他采购项目……"
6	是否存在未在采购活动开始前30日内公开采购意向的问题	《财政部关于开展政府采购意向公开工作的通知》"……五、关于采购意向公开的依据和时间……采购意向公开时间应当尽量提前，原则上不晚于采购活动开始前30日公开采购意向……"

续表

序号	问题描述	制度依据
7	是否存在中标通知书发出及公告不及时、政府采购合同公告不及时或未公告等问题	《中华人民共和国政府采购法实施条例》（国务院令第658号）第四十三条"……采购人或者采购代理机构应当自中标、成交供应商确定之日起2个工作日内，发出中标、成交通知书，并在省级以上人民政府财政部门指定的媒体上公告中标、成交结果，招标文件、竞争性谈判文件、询价通知书随中标、成交结果同时公告。……"及第五十条"采购人应当自政府采购合同签订之日起2个工作日内，将政府采购合同在省级以上人民政府财政部门指定的媒体上公告……"
8	是否存在政府采购合同签订不及时、签订合同内容同投标文件不一致的问题	《中华人民共和国政府采购法》第四十六条"采购人与中标、成交供应商应当在中标、成交通知书发出之日起30日内，按照采购文件确定的事项签订政府采购合同……"
9	是否存在追加与政府采购合同标的相同的货物、工程或服务，采购金额超过原合同金额的10%，仍直接从原供应商处直接采购的问题	《中华人民共和国政府采购法》第四十九条"政府采购合同履行中，采购人需追加与合同标的相同的货物、工程或者服务的，在不改变合同其他条款的前提下，可以与供应商协商签订补充合同，但所有补充合同的采购金额不得超过原合同采购金额的10%。"
10	是否存在要求中标或成交供应商提交履约保证金的金额超过政府采购合同金额的10%的问题	《中华人民共和国政府采购法实施条例》第四十八条"采购文件要求中标或者成交供应商提交履约保证金的，供应商应当以支票、汇票、本票或者金融机构、担保机构出具的保函等非现金形式提交。履约保证金的数额不得超过政府采购合同金额的10%。"

续表

序号	问题描述	制度依据
11	政府采购合同验收是否规范，是否存在验收书未经验收双方签字、验收材料未存档的问题；是否存在未履行验收程序即支付合同款后履约保证金的问题	《关于进一步加强政府采购需求和履约验收管理的指导意见》（财库〔2016〕205号）"……三、严格规范开展履约验收……（八）严格按照采购合同开展履约验收。……验收结束后，应当出具验收书，列明各项标准的验收情况及项目总体评价，由验收双方共同签署。验收结果应当与采购合同约定的资金支付及履约保证金返还条件挂钩。履约验收的各项资料应当存档备查。（九）严格落实履约验收责任。验收合格的项目，采购人应当根据采购合同的约定及时向供应商支付采购资金、退还履约保证金……"
12	政府采购档案管理是否规范，是否存在政府采购文件保存不完整的问题	《中华人民共和国政府采购法》第四十二条"采购人、采购代理机构对政府采购项目每项采购活动的采购文件应当妥善保存，不得伪造、变造、隐匿或者销毁。采购文件的保存期限为从采购结束之日起至少保存15年。采购文件包括采购活动记录、采购预算、招标文件、投标文件、评标标准、评估报告、定标文件、合同文本、验收证明、质疑答复、投诉处理决定及其他有关文件、资料。采购活动记录至少应当包括下列内容：（一）采购项目类别、名称；（二）采购项目预算、资金构成和合同价格；（三）采购方式，采用公开招标以外的采购方式的，应当载明原因；（四）邀请和选择供应商的条件及原因；（五）评标标准及确定中标人的原因；（六）废标的原因；（七）采用招标以外采购方式的相应记载。"
……	……	……

（十）基建项目管理方面的问题（见表 3-38）

表 3-38　　　　　　　　　基建项目管理方面的问题

序号	问题描述	制度依据
1	是否严格履行建设程序，依法办理项目开工手续后开工建设，是否存在未批先建、边建边批、边勘察边设计边施工等问题	《中央预算内直接投资项目管理办法》（发改委令2014年第7号）第二十四条"直接投资项目应当依法办理相关手续，在具备国家规定的各项开工条件后，方可开工建设。"
2	是否按照批复的采购方式组织建设项目采购工作，招标采购程序是否规范	《中央预算内直接投资项目管理办法》（发改委令2014年第7号）第二十五条"直接投资项目的招标采购，按照《中华人民共和国招标投标法》等有关法律法规规定办理。"
3	是否按照批复的建设工期推进项目建设，是否存在项目推进不力、工程建设缓慢、未按时完成建设等情况	《政府投资条例》（国务院令第712号）第二十四条"政府投资项目应当按照国家有关规定合理确定并严格执行建设工期，任何单位和个人不得非法干预。"
4	是否按照基本建设相关财务制度规定规范设置会计科目、按项目单独核算	《政府会计制度——行政事业单位会计科目和报表》（财会〔2017〕25号）总说明"……四、单位对基本建设投资应当按照本制度规定统一进行会计核算，不再单独建账，但是应当按项目单独核算，并保证项目资料完整。"
5	是否存在购置软件等在设备投资核算的问题	《基本建设财务规则》（财政部令2016年第81号）第二十一条"……其他投资支出是指项目建设单位按照批准的建设内容发生的房屋购置支出，基本畜禽、林木等的购置、饲养、培育支出，办公生活用家具、器具购置支出，软件研发和不能计入设备投资的软件购置等支出。"

续表

序号	问题描述	制度依据
6	是否按照初步设计及投资概算批复进行建设,是否存在擅自增加建设内容、扩大建设规模、提高建设标准、改变设计方案或列支不属于该项目的支出的问题	《中央预算内直接投资项目概算管理暂行办法》(发改投资〔2015〕482号)第十三条"项目初步设计及概算批复核定后,应当严格执行,不得擅自增加建设内容、扩大建设规模、提高建设标准或改变设计方案。确需调整且将会突破投资概算的,必须事前向国家发展改革委正式申报;未经批准的,不得擅自调整实施。"《基本建设财务规则》(财政部令2016年第81号)第九条"财政资金管理应当遵循专款专用原则,严格按照批准的项目预算执行,不得挤占挪用。……"
7	是否按照合同约定和工程价款结算程序支付工程款,是否存在提前或推迟付款的情况	《基本建设财务规则》(财政部令2016年第81号)第二十八条"项目建设单位应当严格按照合同约定和工程价款结算程序支付工程款。竣工价款结算一般应当在项目竣工验收后2个月内完成,大型项目一般不得超过3个月。"
8	项目建设中是否执行工程监理制度,是否存在未经监理人员签字使用安装工程物资、进行下一道工序施工、拨工程价款、进行竣工验收等问题	《中央预算内直接投资项目概算管理暂行办法》(发改投资〔2015〕482号)第十一条"监理单位应当依照法律法规、有关技术标准、经批准的设计文件和建设内容、建设规模、建设标准,履行概算监督责任。"
9	建设项目竣工后,是否及时办理竣工财务决算和资产交付使用等	《基本建设项目竣工财务决算管理暂行办法》(财建〔2016〕503号)第二条"基本建设项目完工可投入使用或者试运行合格后,应当在3个月内编报竣工财务决算,特殊情况确需延长的,中小型项目不得超过2个月,大型项目不得超过6个月。"《事业单位财务规则》(财政部令2022年第108号)第四十二条"……在建工程达到交付使用状态时,应当按照规定办理工程竣工财务决算和资产交付使用,期限最长不得超过1年。"

续表

序号	问题描述	制度依据
10	编制竣工财务决算前是否完成各项账务处理及财产物资的盘点核实，是否存在决算报表数据同财务账数据不一致的问题	《基本建设项目竣工财务决算管理暂行办法》（财建〔2016〕503号）第五条"编制项目竣工财务决算前，项目建设单位应当完成各项账务处理及财产物资的盘点核实，做到账账、账证、账实、账表相符……"
11	是否按财政部有关规定编制报送竣工财务决算，做到数据准确、内容完整、资料齐全	《基本建设项目竣工财务决算管理暂行办法》（财建〔2016〕503号）第七条"项目竣工财务决算的内容主要包括：项目竣工财务决算报表（附表1）、竣工财务决算说明书、竣工财务决（结）算审核情况及相关资料。"、第九条"项目竣工决（结）算经有关部门或单位进行项目竣工决（结）算审核的，需附完整的审核报告及审核表（附表2），审核报告内容应当详实，主要包括：审核说明、审核依据、审核结果、意见、建议。"及第十条"相关资料主要包括：（一）项目立项、可行性研究报告、初步设计报告及概算、概算调整批复文件的复印件；（二）项目历年投资计划及财政资金预算下达文件的复印件；（三）审计、检查意见或文件的复印件；（四）其他与项目决算相关资料。"
12	是否按照国家档案管理有关规定，做好建设项目档案的管理，是否存在基建项目资料归档不完整、保管不当造成遗失的问题	《中央预算内直接投资项目管理办法》（发改委令2014年第7号）第二十九条"直接投资项目应当遵守国家档案管理的有关规定，做好项目档案管理工作。项目档案验收不合格的，应当限期整改，经复查合格后，方可进行竣工验收。"
……	……	……

(十一) 财务管理和会计核算方面的问题 (见表 6-39)

表 6-39　　　　　　　财务管理和会计核算方面的问题

序号	问题描述	制度依据
1	是否存在未按照权责发生制原则及时确认收入、支出的问题	《政府会计制度——行政事业单位会计科目和报表》(财会〔2017〕25号)"……单位财务会计核算实行权责发生制；单位预算会计核算实行收付实现制……"
2	是否存在达到固定资产、无形资产标准的资产未记入固定资产、无形资产核算的问题	《政府会计准则第3号——固定资产》第二条"本准则所称固定资产，是指政府会计主体为满足自身开展业务活动或其他活动需要而控制的，使用年限超过1年(不含1年)、单位价值在规定标准以上，并在使用过程中基本保持原有物质形态的资产，一般包括房屋及构筑物、专用设备、通用设备等。单位价值虽未达到规定标准，但是使用年限超过1年(不含1年)的大批同类物资，如图书、家具、用具、装具等，应当确认为固定资产。"《政府会计准则第4号——无形资产》第二条"本准则所称无形资产，是指政府会计主体控制的没有实物形态的可辨认非货币性资产，如专利权、商标权、著作权、土地使用权、非专利技术等。"
3	是否存在大型修缮改造支出未在资本性支出科目列支，而在维修费科目列支，也未转增固定资产的问题	《政府会计准则第3号——固定资产》第七条"固定资产在使用过程中发生的后续支出，符合本准则第四条规定的确认条件的，应当计入固定资产成本；不符合本准则第四条规定的确认条件的，应当在发生时计入当期费用或者相关资产成本。将发生的固定资产后续支出计入固定资产成本的，应当同时从固定资产账面价值中扣除被替换部分的账面价值。"

续表

序号	问题描述	制度依据
4	是否存在未按月计提固定资产折旧、摊销无形资产的问题	《政府会计准则第3号——固定资产》第二十条"固定资产应当按月计提折旧，并根据用途计入当期费用或者相关资产成本。" 《政府会计准则第4号——无形资产》第十八条"政府会计主体应当按月对使用年限有限的无形资产进行摊销，并根据用途计入当期费用或者相关资产成本。"
5	是否存在在往来款科目列收列支、对外投资长期在往来款挂账的问题	《政府会计准则——基本准则》第十一条"政府会计主体应当以实际发生的经济业务或者事项为依据进行会计核算，如实反映各项会计要素的情况和结果，保证会计信息真实可靠。"
6	是否存在办公费、差旅费、培训费、公务接待费等纳入公务卡强制结算目录内的支付业务使用现金支付，未使用公务卡结算的问题	《关于加快推进公务卡制度改革的通知》"……（五）全面推行公务卡强制结算目录制度。中央预算单位要严格执行《中央预算单位公务卡强制结算目录》，按规定使用公务卡结算的，原则上不再使用现金。"
……	……	……

四、对被审计领导干部的经济责任进行认定

针对被审计领导干部任职期间在履行经济责任过程中存在的问题，按照权责一致的原则，根据领导干部职责分工及相关问题的历史背景、决策过程、性质、后果和领导干部实际所起的作用等情况，审计组依法依规、全面客观地认定其应承担的责任。

（一）经济责任分类

按照《党政主要领导干部和国有企事业单位主要领导人员经济责任审

计规定》,被审计领导干部对审计发现问题应承担的责任包括直接责任和领导责任。

1. 直接责任。领导干部对履行经济责任过程中的下列行为应当承担直接责任:

(1) 直接违反有关党内法规、法律法规、政策规定的。

(2) 授意、指使、强令、纵容、包庇下属人员违反有关党内法规、法律法规、政策规定的。

(3) 贯彻党和国家经济方针政策、决策部署不坚决不全面不到位,造成所在单位公共资金、国有资产、国有资源损失浪费,生态环境破坏,公共利益损害等后果的。

(4) 未完成有关法律法规规章、政策措施、目标责任书等规定的领导干部作为第一责任人(负总责)事项,造成所在单位公共资金、国有资产、国有资源损失浪费,生态环境破坏,公共利益损害等后果的。

(5) 未经民主决策程序或者民主决策时在多数人不同意的情况下,直接决定、批准、组织实施重大经济事项,造成所在单位公共资金、国有资产、国有资源损失浪费,生态环境破坏,公共利益损害等后果的。

(6) 不履行或者不正确履行职责,对造成的后果起决定性作用的其他行为。

上述第(1)项情形中,"直接"是指被审计领导干部在履行经济责任过程中,个人直接决定,或者通过主持会议、传签文件、会签文件等方式进行集体研究,在决策过程中起决定性作用;"党内法规"是指党中央以及中央纪律检查委员会、中央各部门和省、自治区、直辖市党委制定的规范党组织的工作、活动和党员行为的党内规章制度的总称;"法律法规"是指我国现行有效的法律、行政法规、司法解释、地方性法规、地方政府规章和部门规章等;"政策规定"是指党政机关制定的关于处理党内和政府事务工作的文件,包括党中央、国务院、上级和本级党委、政府及其部门制定的规定、办法、准则以及行业的规范、条例等。

第(2)项情形中,是指被审计领导干部没有情形(1)所述的直接违反的行为,但下属人员直接违反了有关党内法规、法律法规、政策规定,且被审计领导干部存在授意、指使、强令、纵容、包庇情形的,被审计领导干部承担直接责任。其中,"授意"是指告知下属人员自己的意图,要求其照办;"指使"是指指挥、指使下属人员行事;"强令"是指用强制的方式命令下属人员行事;"纵容"是指对下属人员的错误行为不加制止,任其发展;"包庇"是指明知下属人员的错误行为而为其掩盖,或者帮助其隐匿、毁灭证据的行为。本项规定的情形,无论是否造成后果,均认定为直接责任。

第(3)项情形中,"不坚决不全面不到位"是指被审计领导干部不重视、不部署或者未采取有效措施推进工作,导致贯彻落实党和国家决策部署不坚决不到位等问题。此情形需结合造成的公共资金、国有资产、国有资源损失浪费,生态环境破坏,公共利益损害等后果,才能认定为直接责任。实践中,要防止简单依据被审计领导干部及其所在单位是否及时召开会议、是否及时下发文件等形式上的措施来认定责任,而应依据其是否采取了提出明确要求、部署任务分工、确定阶段性目标等实质性的举措推进工作等情况进行认定。

第(4)项情形中,领导干部作为第一责任人(负总责)的目标责任事项主要包括:与上级党委政府或者相关部门签订的耕地保护,林地保护,粮食安全,脱贫攻坚,节能减排,淘汰落后产能,保障性住房,大气、水、土壤污染防治等目标责任事项。实践中,可以重点关注目标责任中的重要约束性指标任务的完成情况,关注是否因指标未完成造成后果。如对于未完成地区重要约束性指标造成水质未达到预期目标等后果,被审计领导干部应当承担直接责任。审计评价时,应当区分约束性指标和引导性、预期性指标,对于未完成引导性、预期性指标的情况,应当结合被审计领导干部采取的具体措施等情况,具体问题具体分析。

第(5)项情形中,"民主决策"包括但不限于会议、传签文件等集体决策形式。本款规定主要针对被审计领导干部违反规定程序进行决策的情形,包括应当经过民主决策未经过民主决策,或者民主决策时在多数人反对的情况下直接决策,此情形需结合造成的公共资金、国有资产、国有资源损失浪费,生态环境破坏,公共利益损害等后果,才能认定为直接责任。

第(6)项是兜底情形,对认定直接责任的情况作了引导性定义。

2. 领导责任。领导干部对履行经济责任过程中的下列行为应当承担领导责任:

(1)民主决策时,在多数人同意的情况下,决定、批准、组织实施重大经济事项,由于决策不当或者决策失误造成所在单位公共资金、国有资产、国有资源损失浪费,生态环境破坏,公共利益损害等后果的。

(2)违反单位内部管理规定造成所在单位公共资金、国有资产、国有资源损失浪费,生态环境破坏,公共利益损害等后果的。

(3)参与相关决策和工作时,没有发表明确的反对意见,相关决策和工作违反有关党内法规、法律法规、政策规定,或者造成所在单位公共资金、国有资产、国有资源损失浪费,生态环境破坏,公共利益损害等后果的。

(4)疏于监管,未及时发现和处理所管辖范围内本级或者下属单位违反有关党内法规、法律法规、政策规定的问题,造成所在单位公共资金、国有资产、国有资源损失浪费,生态环境破坏,公共利益损害等后果的。

(5)除直接责任外,不履行或者不正确履行职责,对造成的后果应当承担责任的其他行为。

上述第(1)项情形,规定在重大经济事项决策形式合规的情况下,因决策不当或者失误造成相关后果的,应认定被审计领导干部承担领导责任。

第(2)项情形,考虑到被审计单位内部管理规定的约束力明显低于有关党内法规、法律法规、政策规定,而且有时存在被审计单位自我加压,制定的内部管理规定严于国家标准,或者制定的制度不够科学严谨、操作性不强甚至不具操作性等情形。因此,明确审计发现违反内部管理规定的行为时,要结合造成的公共资金、国有资产、国有资源损失浪费,生态环境破坏，公共利益损害等后果来认定责任。对于违反内部管理规定性质恶劣、后果严重的行为，也不排除可以认定为直接责任。

第（3）项情形，主要适用于经济责任同步审计中的责任认定。明确被审计领导干部参与相关决策和工作时未发表明确的反对意见，相关决策和工作违规违纪违法或者造成相关后果，即可认定为领导责任。

第（4）项情形，主要规定被审计领导干部应履行而未履行监管职责，或者履行监管职责不到位，未及时发现和处理本级或者下一级单位的问题，但对于审计发现的三级及以下单位出现的普遍性、典型性、倾向性问题或者与被审计领导干部履行经济责任关联较大的事项，可参照此条认定被审计领导干部应承担的责任。

第（5）项是兜底情形，对认定为领导责任的情况作了引导性定义。

关于直接责任和领导责任的认定，《第2205号内部审计具体准则——经济责任审计》和相关指南只是列举了一些常见和典型的情形，不可能穷尽所有情形，有的情形强调后果，有的情形不强调后果。所列举的"后果"，突出了对公共资金、国有资产、国有资源的影响，对于经济责任审计而言，造成的损失浪费后果可以不限于对被审计单位掌握的公共资金、国有资产、国有资源，而且"后果"也不限于损失浪费、生态环境破坏、公共利益损害、会计信息不实等相对直观、易于发现取证的情况，还包括造成的恶劣影响、潜在的经济损失浪费和风险隐患等相对隐蔽但直接影响到经济社会和本单位、被审计单位持续健康发展的情况。

实践中，经济责任审计要贯彻责任认定的基本原则，坚持从实际出发，注重精准性、有效性，不能简单地、机械地套用上述列举的情形，必须实事求是、审慎客观，具体问题具体分析。同时，认定责任时，对相同职务层次和相同类别领导干部，应注意保持责任认定原则的一致性和可比性。

（二）责任认定的原则

1. 权责一致原则。按照权责对等的原则，综合考虑相关问题的历史背景、决策过程、性质、后果和被审计领导干部实际所起的作用等实质性要件，界定责任，避免简单依据是否分管、是否开会、是否圈阅等形式要件认定责任。

2. 审慎客观原则。责任认定时要秉持审慎客观的态度，对需进行责任认定的问题做到证据确凿、事实清楚、依据准确。责任认定结果应有充分的审计证据支持。

3. 边界清晰原则。根据被审计领导干部履职范围、任职期间、履职过程和尽职要求确定其责任边界，并对责任范围内的审计发现问题进行责任认定。

4. 重要事项原则。在开展责任认定前，需要按照审计发现问题的重要性划分，确定应进行责任认定的有关事项，即应是由于被审计领导干部对其领导或直接分管的工作，不履行或者不正确履行经济责任，造成国家（单位）利益（资产）损失浪费等后果的，以及违反法律法规、国家（单位）有关规定等重要事项。对审计发现的非重要事项无需认定被审计领导干部应承担的责任。

5. 尽职免责原则。在区分主客观因素的前提下，确定被审计领导干部免责情形，包括被审计领导干部已履职尽职或不可抗力因素等情况下的免责。

（三）责任认定的证据获取

责任认定事项需与被审计领导干部履职内容密切相关。责任认定取证时应根据被审计领导干部的职责分工，充分考虑相关事项的历史背景、决策程序和实际决策过程等，以及是否签批文件、是否分管、是否参与特定事项的管理等情况。

责任认定的审计证据可以是会议纪要、签发文件、责任目标书、绩效考核结果、工作计划和总结、相关制度文件、相关事宜的签批意见及对相关人员的询问记录等能反映与被审计领导干部履行责任过程相关的记录。

注册会计师在收集和使用责任认定的证据材料时，可对获取的审计证据进行分类、筛选和汇总，如按证据的形成原因、当时的客观环境等进行归类，保证审计证据的相关性、可靠性和充分性。

（四）责任认定的注意事项

在确定被审计领导干部对审计发现问题应承担的责任时，注册会计师可依据单位对责任类别情形的有关规定进行区分，主要有以下几方面：

1. 区分任期内和非任期内的时间界限。从时间上区分前任后任的政绩、划清前任后任的责任，客观公正、实事求是地评价被审计领导干部任期内的经济责任。因前任的行为延续到本期才产生或造成的遗留问题，现任无管理过错的，应属于前任的责任，在认定时应剔除或附加说明。但也要防止"新官不理旧账"，对被审计领导干部在积极处理前任遗留问题、减少或防止扩大不良后果方面有失职问题的，审计仍然要予以揭示并认定责任。

2. 区分被审计领导干部个人决策和领导班子集体决策的界限。判断时应以会议纪要等决策性文件进行认定。对于由被审计领导干部主持相关会议讨论或者以文件传签等其他方式研究，在多数人同意的情况下，决定、批准、组织实施重大经济事项为集体决策，应由被审计领导干部承担领导责任；但上述事项是在多数人不同意的情况下由被审计领导干部决策的，应由被审计领导干部承担直接责任。

3. 区分主观原因和客观原因的界限。由于社会环境或不可抗力等客观原因造成的问题，在被审计领导干部尽职的情况下可予以免责。对由于被审计领导干部个人主观原因造成的问题，如决策失误等，原则上由被审计领导干部个人负责并认定其责任，其中对主观故意，如有意钻政策空子、弄虚作假谋取私利、贪污浪费等行为，应加重问责。为保护领导干部干事创业的积极性、主动性和创造性，对于符合决策程序、未从中谋取不正当利益、党章党规和法律法规无明令禁止、积极主动挽回损失和消除不良影响等情形，各单位可结合实际，确定免责或从轻定责标准和程序，对被审计领导干部予以免责或从轻定责。

五、对被审计领导干部进行审计评价

审计组根据被审计领导干部所任职务的职责要求，在审计查证或者认定事实的基础上，综合运用多种方法，坚持定性评价与定量评价相结合，依照有关党内法规、法律法规、政策规定、责任制考核目标等，在审计范围内，对被审计领导干部履行经济责任情况，作出客观公正、实事求是的评价。值得注意的是，经济责任审计不是对被审计领导干部所承担全部责任的评价，不能超越审计职责权限进行审计评价，而要聚焦被审计领导干部经济责任履行情况进行评价。

（一）审计评价应遵循的原则

1. 全面性原则。审计评价应全面反映被审计领导干部任职期间及职责范围内的经济责任履行情况。评价内容应包括任职期间履行经济责任的业绩、主要问题以及应承担的责任。

2. 重要性原则。审计评价应在充分了解被审计领导干部职责的前提下，根据问题的重要性水平，认定是否为被审计领导干部履职期间的问题。一般应重点考虑性质和金额足以影响评价结果的重要经济事项。

3. 客观性原则。审计评价应以法律法规、政策制度、责任目标等为依据，结合单位实际情况以及特定历史背景、宏观经济环境、国家方针政策等外部因素进行评价。

4. 相关性原则。审计评价应当围绕审计目标和审计内容，对被审计领导干部履行经济责任情况进行评价，做到"审计什么就评价什么"，与被审计领导干部履行经济责任情况无关的或超出审计范围的不应评价。

5. 审慎性原则。审计评价应在执行适当审计程序并获得充分审计证据的基础上得出。对于受审计手段所限未经审计核实或超过审计范围，以及评价依据不够明确、证据不够充分的事项不予评价，确需评价的，应持审慎态度，并如实表述。

(二) 审计评价要做到"三个区分开来"

为保护领导干部干事创业的积极性、主动性、创造性,在实践中,应认真贯彻"三个区分开来"重要要求,把干部在推进改革中因缺乏经验、先行先试出现的失误和错误,同明知故犯的违纪违法行为区分开来;把上级尚无明确限制的探索性试验中的失误和错误,同上级明令禁止后依然我行我素的违纪违法行为区分开来;把为推动发展的无意过失,同为谋取私利的违纪违法行为区分开来。针对领导干部在改革创新中的失误和错误,审计评价应正确把握事业为上、实事求是、依纪依法、容纠并举等原则,经综合分析研判,可以免责或者从轻定责,鼓励探索创新,支持担当作为。推动建立健全激励与容错免责机制,做到有记录、可追溯、可检查,实事求是地作出审计评价,使审计结论经得起检验。

(三) 评价标准的确定

评价依据是作出审计评价的参照标准。审计评价的一般依据包括:

1. 党内法规、法律法规、政策规定和中央领导批示指示精神。
2. 中央和地方党委、政府有关经济方针政策和决策部署。
3. 上级主管部门的相关制度和要求。
4. 被审计领导干部职责分工文件和责任制考核目标。
5. 国家和行业有关标准。
6. 被审计单位制定的重要发展战略规划、年度计划。
7. 相关会议记录、纪要、决议和决定,预算、决算、合同,内部管理制度。
8. 国家或行业相关职能管理部门和监管机构、主管部门发布或认可的统计数据、考核结果和评价意见。
9. 专业机构的意见、公认的业务惯例及良好实务等。

(四) 审计评价方法

审计评价应根据被审计领导干部的履职特点、岗位性质和实际需要等因素，选定适用的评价方法。采取纵向比较与横向比较、定性评价与定量评价、分项评价与总体评价相结合的方式进行。

1. 纵向比较与横向比较。纵向比较是将被审计领导干部任职期间不同时期数据或者审计时与上任时的有关数据进行比较分析；横向比较是将被审计领导干部任职期间数据与自然资源禀赋相近、岗位性质相似、行业性质相同的单位进行比较分析，将被审计领导干部履行经济责任的行为或者事项放到发生时的历史背景等客观环境下进行统筹考虑，辩证分析，审慎作出审计评价。通过纵向比较可以判断被审计领导干部就职后为其所在单位带来的增值影响或不利影响主要体现在哪些方面，从而确定被审计领导干部对其所在单位的主要贡献或工作失误情况；通过横向比较可以在同等管理环境中分析比较不同领导干部的业绩完成情况，便于对其工作的优劣进行较为客观的评价。

2. 定量评价与定性评价。定量评价主要通过分析与被审计领导干部经济责任履行情况相关的数量关系或所具同性质间的数量关系得出量化的评价结论；定性评价主要依靠审计人员的经验，依据相关法规规定、规则或常识，对被审计领导干部履行经济责任情况进行性质上的评价并得出定性结论。定量评价与定性评价之间的关系应该统一且相互补充，并相互结合、灵活运用，以取得最佳效果。

3. 评价指标的设置。评价指标设置应简明实用、易于操作，并且有准确、可靠的数据来源和支撑，相关评价指标应当与评价的具体内容和事项密切相关，能够反映被审计领导干部经济责任履行情况。实践中，要考虑不同类别、不同级次、不同单位领导干部履职特点、自然资源禀赋等实际情况，评价指标应各有侧重，还应根据发展要求及时调整。鉴于不同单位的性质、所属行业及被审计领导干部的岗位性质、履职特点差异较大，内部审计机构应结合被审计单位实际情况确定科学、适用的评价指标。对同一类别、同一层级领导干部履行经济责任情况的评价标准指标，应具有一致性和可比性。当内外部环境等客观因素发生变化时，应适时调整评价指标。

4. 分项评价与总体评价。分项评价是对不同方面的审计内容分别进行评价，得出被审计领导干部相关方面履职情况的评价结论；总体评价是在对分项评价结果汇总分析的基础上，形成对被审计领导干部履行经济责任情况的总体评价结论。

审计评价可以写实评价，也可以在建立完善的审计评价指标体系的基础上，探索进行"好""较好""一般""较差"等分类评价。

六、整理、复核审计工作底稿

审计工作底稿是注册会计师对制订的审计计划、实施的审计程序、获取的相关审计证据，以及得出的审计结论做出的记录。审计工作底稿能够为注册会计师得出实现总体目标结论的基础提供证据，能够证明注册会计师按照审计准则和相关法律法规的规定计划和执行了审计工作。审计工作底稿还有助于审计组计划和执行审计工作；有助于负责督导的审计组成员按照《中国注册会计师审计准则第1121号——对财务报表审计实施的质量管理》的规定，履行指导、监督与复核审计工作的责任；便于审计组说明其执行审计工作的情况；保留对未来审计工作持续产生重大影响的事项的记录；便于会计师事务所实施项目质量复核、其他类型的项目复核以及质量管理体系中的监控活动；便于监管机构和注册会计师协会根据相关法律法规或其他相关要求，对会计师事务所实施执业质量检查。

（一）完成阶段审计工作底稿编制

按照《中国注册会计师审计准则第1131号——审计工作底稿》的要求，注册会计师应及时编制审计工作底稿，记录实施的审计程序和获取的审计证据。注册会计师编制的审计工作底稿，应当使未曾接触该项审计工作的有经验的专业人士清楚了解：按照审计准则和相关法律法规的规定实施的审计程序的性质、时间安排和范围；实施审计程序的结果和获取的审计证据；审计中遇到的重大事项和得出的结论，以及在得出结论时做出的重大职业判断。

在审计实践中,完成审计工作的底稿编制主要包括:

(1) 审计工作完成情况核对表,参见示例 6-1:审计工作完成情况核对表。

示例 6-1:审计工作完成情况核对表如表 6-40 所示。

表 6-40　　　　　审计工作完成情况核对表

被审计单位: 被审计领导干部: 审计期间:	编制人:	编制日期:	索引号:
	复核人:	复核日期:	页次
审计工作	是/否/不适用	核对情况	备注
1. 是否执行业务承接或保持的相关程序?			
2. 是否签订审计业务约定书?			
3. 是否制定总体审计策略和具体审计计划?			
4. 是否与委托方就计划的审计范围和时间安排的总体情况进行了沟通?			
5. 计划的审计程序是否得到执行?			
6. 审计范围是否受到限制?			
7. 是否已对被审计单位的内部控制情况进行了审核?			
8. 是否已对被审计单位账目进行了审核?			
9. 所有重要实物资产是否均已实施监盘?			
10. 被审计单位是否已按照审计需要提供完整的审计资料?			
11. 是否已取得经签署的承诺函?			
12. 审计中发现的重大问题是否已取得充分的审计证据?			
13. 被审计单位提供审计的相关资料是否已盖章确认?			
14. 是否将累积的所有问题与被审计单位和被审计领导干部进行了及时沟通?			
15. 是否已取得被审计单位和被审计领导干部征询意见函?			
16. 是否已取得服务质量反馈卡?			
17. 是否完成审计总结?			
18. 项目经理是否已复核工作底稿?			

(2) 被审计单位征询意见函,参见示例 6-2:被审计单位征询意见函。

示例 6-2:被审计单位征询意见函。

被审计单位征询意见函

〔被审计领导干部所在单位〕:

我们接受×××〔委托方〕的委托,对贵单位原负责人〔被审计领导干部姓名〕同志进行任职期间经济责任审计。现将审计报告送给你们征求意见。请在收到报告之日起十日内提出书面意见,送交审计组。如果在规定期限内没有提出书面意见,视为无意见。

附:审计报告(征求意见稿)

审计组长:×××
××××年××月××日

(3) 被审计领导干部征询意见函,参见示例 6-3:被审计领导干部征询意见函。

示例 6-3:被审计领导干部征询意见函。

被审计领导干部征询意见函

×××同志〔被审计领导干部姓名〕:

我们接受×××〔委托方〕的委托,对你××××年××月至××××年××月在〔被审计领导干部所在单位〕担任×××(被审计领导干部的职务)期间履行经济责任情况进行了审计。现将审计报告送给你本人征求意见。请在收到报告之日起十日内提出书面意见,送交审计组。如果在规定期限内没有提出书面意见，视为无意见。

附：审计报告（征求意见稿）

审计组长：×××
××××年××月××日

（二）审计工作底稿复核

会计师事务所应当按照《会计师事务所质量管理准则第5101号——业务质量管理》和《会计师事务所质量管理准则第5102号——项目质量复核》的要求，委派符合相关资质要求的项目质量复核人员，对审计组做出的重大判断和据此得出的结论做出客观评价。

项目质量复核人员应在项目的各个阶段（如计划阶段、执行阶段和报告阶段）及时复核业务工作底稿，可以使相关问题能够在报告日或报告日之前得到迅速、满意的解决。例如，项目质量复核人员可以在计划阶段完成时，针对项目的总体策略和具体计划实施复核程序。及时实施项目质量复核也可以强化审计组在计划和执行项目的过程中对职业判断和职业怀疑的运用。

在实施项目质量复核时，项目质量复核人员可能会注意到一些原本预期审计组会做出重大判断，而审计组未做出重大判断的其他领域，项目质量复核人员可能需要针对审计组实施的程序和得出的结论获取进一步信息。在这种情况下，审计组在与项目质量复核人员进行讨论后，可能认为需要实施额外的程序。

根据《会计师事务所质量管理准则第5102号——项目质量复核》应用指南的规定，项目质量复核的实施和已完成的通知可以采用多种方式在工作底稿中记录。例如，项目质量复核人员可以在业务执行所使用的信息技术应用程序中以电子形式记录对业务工作底稿的复核，也可以采用备忘录的形式记录复核情况。项目质量复核人员实施的复核程序也可以采用其他方式进行记录,例如,在项目质量复核人员出席的审计组讨论会纪要中进行记录等。

在审计实践中,业务质量复核的底稿编制,可参见示例 6-4:审计业务复核核对表。

示例 6-4:审计业务复核核对表如表 6-41 所示。

表 6-41　　　　　　审计业务复核核对表

被审计单位:

被审计领导干部:

审计期间:

一、审计组长复核

复核事项	是/否/不适用	备注
1. 是否对审计组成员编制的审计工作底稿进行了逐页的详细复核?		
2. 实施上述复核后,是否可以确定下列事项:		
(1) 具体审计计划已经实施,已完成的工作底稿与具体审计计划已交叉索引?		
(2) 工作底稿在形式上做到要素齐全、格式规范、标识一致、记录清晰;在内容上做到资料翔实、重点突出、繁简得当、结论明确?		
(3) 每一支出项目和特殊交易或事项的审计结论均有相关审计证据的支持,所有重要或异常的数据已有适当的解释及相关证据?		
(4) 所有审计程序的改变和其他值得项目负责人关注的重大事项都已在重大事项请示报告中列示?		
(5) 已审报告附表已正确、完整地编制,且每一项数据对应数据与相关工作底稿一致?		
(6) 重大事项概要和审计总结已按规定编制?		

签字:_____　　日期:_____

续表

二、项目复核经理复核

复核事项	是/否/不适用	备注
1. 是否已复核已完成的审计计划，以及导致对审计计划做出重大修改的事项？ 2. 是否已复核特殊交易或事项？ 3. 是否已复核重大事项？ 4. 是否已复核审计发现的问题？ 5. 是否已复核承诺函、与客户的沟通记录及重要会谈记录？ 6. 是否已复核审计总结？ 7. 是否已复核已审计报告附表和拟出具的审计报告草稿？ 8. 是否可以确信直到审计报告日止，本所及审计组在执行审计工作中保持了独立性？是否采取适当的预防措施以消除任何对独立性的威胁或将其减低至可接受的水平，并将有关措施记录下来？ 9. 实施上述复核后，是否可以确定下列事项： (1) 对项目审计组长实施的一级复核结果满意？ (2) 审计工作底稿提供了充分、适当的记录，可以作为审计报告的基础？ (3) 审计组已按照中国注册会计师审计准则和《党政主要领导干部和国有企事业单位主要领导人员经济责任审计规定》的规定执行了审计工作？ (4) 对重大错报风险的评估及采取的应对措施是恰当的，针对存在特别风险的审计领域，设计并实施了针对性的审计程序，且得出了恰当的审计结论？ (5) 审计组做出的重大判断恰当合理？ (6) 审计组提出的审计问题、责任认定和审计评价恰当？ (7) 拟出具的审计报告措辞恰当，已按照中国注册会计师审计准则和《党政主要领导干部和国有企事业单位主要领导人员经济责任审计规定》发表了恰当的审计意见？		

签字：_____　日期：_____

续表

三、项目合伙人复核

复核事项	是/否/不适用	备注
1. 是否已复核已完成的审计计划,以及导致对审计计划做出重大修改的事项?		
2. 是否已复核重大事项?		
3. 是否已复核存在特别风险的审计领域,以及审计组采取的应对措施?		
4. 是否已复核审计组做出的重大判断?		
5. 是否已复核建议调整、整改事项?		
6. 是否已复核承诺函、与客户的沟通记录及重要会谈记录?		
7. 是否已复核审计总结?		
8. 是否已复核已审计报告附表和拟出具的审计报告?		
9. 是否可以确信直到审计报告日止,本所及审计组在执行审计工作中保持了独立性?是否采取适当的预防措施以消除任何对独立性的威胁或将其减低至可接受的水平,并将有关措施记录下来?		
10. 实施上述复核后,是否可以确定:		
(1) 对复核经理实施的二级复核结果满意?		
(2) 对重大错报风险的评估及采取的应对措施是恰当的,针对存在特别风险的审计领域,设计并实施了针对性的审计程序,且得出了恰当的审计结论?		
(3) 审计组做出的重大判断恰当合理?		
(4) 提出的审计问题、责任认定和审计评价恰当合理?		
(5) 拟出具的审计报告措辞恰当,已按照中国注册会计师审计准则和《党政主要领导干部和国有企事业单位主要领导人员经济责任审计规定》发表了恰当的审计意见?		

签字:_____ 日期:_____

续表

四、项目质量控制经理复核

复核事项	是/否/不适用	备注
1. 审计组内部的复核程序是否均已得到满意的执行?		
2. 是否已复核审计组针对本业务对本所独立性做出的评价,并认为该评价是恰当的?		
3. 是否已复核审计组在审计过程中识别的特别风险以及采取的应对措施,包括审计组对舞弊风险的评估及采取的应对措施,认为审计组做出的判断和应对措施是恰当的?		
4. 是否已复核审计组做出的判断,包括关于重要性和特别风险的判断,认为这些判断恰当合理?		
5. 是否确定审计组已就存在的意见分歧、其他疑难问题或争议事项进行适当咨询,且咨询得出的结论是恰当的?		
6. 是否已复核审计组与委托方沟通的记录以及拟与其沟通的事项,对沟通情况表示满意?		
7. 是否选取与审计组做出重大判断及形成结论有关的工作底稿进行复核,认为所复核的审计工作底稿反映了审计组针对重大判断执行的工作,能够支持得出的结论?		
8. 是否已复核拟出具的审计报告和报告附表,认为拟出具的审计报告措辞恰当,已按照中国注册会计师审计准则和《党政主要领导干部和国有企事业单位主要领导人员经济责任审计规定》发表了恰当的审计意见?		

签字:_____ 日期:_____

七、编制审计报告

对于经济责任审计,审计报告应当做到事实清楚、评价客观、责任明确、用词恰当、文字精炼、通俗易懂。

(一) 审计报告的基本要素

审计报告要素一般包括:标题、收件人、正文、附件、签章、报告日期、其他。

1. 审计报告的标题。审计报告标题应当说明审计工作的内容,力求言简意赅并有利于归档和索引。一般包括:被审计单位名称、被审计领导干部姓名、(原)职务和审计事项。如"关于×××(单位)×××(职务)×××同志任期(或离任)经济责任审计的报告"。

2. 审计报告的收件人。会计师事务所出具的经济责任审计报告的收件人一般为委托方,如委托方内部审计机构。也可能为委托方单位的党委(党组)、协调机构其他成员部门(机构)、被审计单位和被审计领导干部、其他相关单位或人员等。

3. 审计报告的正文。审计报告正文主要包括:基本情况、被审计领导干部任职期间履行经济责任的总体评价、主要业绩、审计发现的主要问题和责任认定、审计意见和建议,以及其他必要的内容。

4. 审计报告的附件。附件是对审计报告正文进行补充说明的文字和数据等支撑性材料,一般包括:相关问题的计算及分析过程、审计发现问题汇总表及说明、交接确认表、需要提供解释和说明的其他内容等。

5. 审计报告的签章。审计报告需要由注册会计师签名和盖章。需要载明会计师事务所的名称和地址,并加盖会计师事务所公章。

6. 审计报告的日期。审计报告需要注明报告日期。审计报告日不应早于注册会计师获取充分、适当的审计证据,并在此基础上对被审计领导干部出具审计意见的日期。

7. 其他。审计报告还应当参考公文的一般要求,设有文号等要素。

(二)审计报告正文的内容

经济责任审计报告应当全面客观地反映审计结果,既要反映被审计领导干部履行经济责任的主要业绩,也要反映审计发现的主要问题以及被审计领导干部承担的相应责任。

1. 基本情况。一般包括:审计依据、审计实施的情况、被审计领导干部的任职及分工情况、被审计单位的基本情况等。被审计单位基本情况可以重点反映任职前到审计时的核心财务、业务指标变化趋势情况，详细的财务、业务数据可以通过附件《主要财务业务数据表》的方式反映。

2. 总体评价。"总体评价"是指综合被审计领导干部主要业绩、主要问题以及所应承担的责任类型等情况，对其任职期间履行经济责任情况作出的概要评价。总体评价可以写实评价，也可以在建立完善的审计评价指标体系的基础上，进行"好""较好""一般""较差"等量化分等评价。其中，对于被审计领导干部个人遵守廉洁从业规定情况，如果本次审计未发现被审计领导干部本人存在以权谋私、中饱私囊、利益输送等违纪违法问题线索的，应作出"在本次审计范围内，未发现×××同志本人在公共资金、国有资产、国有资源管理、分配和使用中存在违反廉洁从业规定的问题"的评价意见。

3. 被审计领导干部履行经济责任的主要业绩。"主要业绩"是指被审计领导干部任职期间主导提出的经济社会和事业发展、单位发展的工作思路、发展规划、重大举措并取得公认良好效果的重要发展成果。"主要业绩"应当简明扼要、具体明确、表述平实，在区分工作基础、环境变化、个人努力程度等主客观因素的基础上客观进行评价，防止把一个单位的成绩简单归为被审计领导干部的个人业绩。此部分表述应有充分的审计证据支持，引用的相关数据要经过审计查证，如无法经过核实又需引用，要注明引用来源。同时，应注意避免此部分内容与审计发现主要问题及其责任认定的内容相互矛盾。

4. 审计发现的主要问题和责任认定。本部分是审计报告的核心内容，包括审计发现的主要问题，被审计领导干部应承担的责任类型，以及审计发现的其他问题。其中，审计发现的主要问题一般应根据项目审计方案确定的重点审计内容，归类列示，并清晰表述被审计领导干部与审计发现问题的关联。责任认定应写明定责依据。审计发现的其他问题是指与被审计领导干部履行经济责任无直接关系，或不宜界定被审计领导干部责任的其他问题，可以在附件《审计发现问题汇总表》中反映。

5. 审计意见和建议。审计意见是注册会计师对审计发现的主要问题提出的纠正处理意见。注册会计师可以建议组织适当管理层或相关部门作出处理。同时，应当针对审计发现的问题或者审计中了解到的其他不足，深入分析背后的体制性障碍、机制性缺陷和制度性漏洞，有针对性地提出可操作的审计建议，以促进被审计领导干部及其所在单位改进工作，完善制度、深化改革、加强管理、堵塞漏洞，防患于未然。

6. 其他必要的内容。经济责任审计报告一般还应当包括告知被审计领导干部对审计报告有异议情况下的救济途径、明确相关单位和人员审计整改要求的内容，也可以包括告知将进行审计情况通报等内容。但如果本单位规定通过单位另行制发文件方式批转或下发经济责任审计报告，并告知当事人救济途径、明确相关单位和人员审计整改要求、告知审计情况通报的，可以不在内部审计机构出具的审计报告中包括这些内容。

在审计实践中，行政事业单位领导干部经济责任审计报告可参见示例6-5：审计报告。

示例6-5：审计报告。

关于×××〔被审计领导干部所在单位及职务〕×××同志任期（或离任）经济责任审计的报告

〔报告文号〕

×××〔委托方〕：

我们接受委托，于××××年××月至××××年××月对×××〔被审计领导干部所在单位及职务〕×××同志××××年××月至××××年××月任职期间履行经济责任情况进行了审计。×××同志和×××〔被审计领导干部所在单位〕对其提供审计所需资料的真实性、完整性负责，并对此作出了书面承诺。我们的责任是通过履行相应的审计程序对×××同志任职期间履行经济责任情况发表审计意见。我们的审计依据《党政主要领导干部和国有企事业单位主要领导人员经济责任审计规定》及《中国注册会计师审计准则》等相关法律法规进行。审计过程中，我们结合×××〔被审计领导干部所在单位〕的实际情况，实施了查阅资料、抽查会计记录、现场勘察、实物资产抽查盘点、分析性复核、访谈调查等我们认为必要的审计程序。我们相信，我们获取的证据是充分、适当的，为发表审计意见提供了合理的基础。现将审计结果报告如下：

〔说明：1. 审计报告的收件人为委托方，委托方会转送所在单位包括党委（党组）、被审计领导干部及其所在单位、其他相关机构或人员。一般主送被审计领导干部及其所在单位，抄报、抄送其他收件人，也可以根据实际需要选择其他某个收件人为主送方，但必须抄送被审计领导干部及其所在单位。实际工作中，为提高经济责任审计报告的权威性，一般以委托方名义制发文件，向被审计领导干部及其所在单位、其他相关单位和人员批转或下发经济责任审计报告，还可在该文件中提出落实审计意见建议、加强审计整改的具体要求。2. 前言部分主要说明审计依据、审计时间、审计目标与审计范围、审计双方责任声明等内容。审计依据和审计时间应当与审计通知书保持一致。被审计领导干部所在单位作出书面承诺的，应注明。采取后续审计等特殊审计方式的，应当写明。3. 本模板中的"被审计领导干部所在单位及职务"是指被审计领导干部在接受审计的任职期间内所任职的单位及所任的职务。〕

一、基本情况

×××同志自××××年××月以来（或至××××年××月）担任×××〔职务〕，负责×××全面工作，具体分管×××、×××工作。该单位主要业务为×××，拥有下属单位×××、×××等××家，×××同志任职期间，资产总额×××万元；××销售收入×××万元；利润总额×××万元。〔总体反映任职前到审计时几项核心的财务、业务指标变化趋势情况〕（详见附件1《主要财务业务数据表》）

〔说明：本部分主要表述被审计领导干部所在单位的基本情况、被审计领导干部的任职及分工情况，以及任职期间主要财务、业务指标数据变化趋势情况。〕

二、总体评价

从审计情况看，×××同志任职期间，×××，×××，×××〔根据实际审计情况作出相关评价，如深入贯彻落实了党中央关于×××方面的方针政策，制定了清晰的组织发展战略规划，组织治理结构健全，内部控制制度较为完善，财务管理工作较为规范，有效控制和防范了重大经济风险等〕，较好地〔根据实际情况表述〕履行了经济责任。在本次审计范围内，未发现×××同志本人在公共资金、国有资产和国有资源管理分配使用中存在违反廉洁从业规定的问题〔若审计发现，被审计领导干部本人存在以权谋私、中饱私囊、利益输送等违纪违法行为的问题线索，则不表述该部分内容〕。本次审计也发现，×××同志在履行经济责任中存在一些不足和问题，需进一步改进。

〔说明：1. 总体评价部分应当围绕经济责任审计目标，根据审计认定的事实，依照法律法规、国家有关规定和政策，在法定职权范围内，对被审计领导干部履行经济责任情况作出客观公正、实事求是的评价，做到审什么、评什么。对审计过程中未涉及、审计证据不充分、评价依据或者标准不明确以及超越审计职责范围的事项，不发表审计评价意见。2. 审计评价应严格落实"三个区分开来"的重要要求，坚持全面、客观、辩证、历史地看待问题，既不能评价过满、失实，也不能以偏概全、含糊其辞。同时注意不要与审计发现的问题相矛盾。3. 如单位建立了审计评价指标体系，可依据打分结果探索进行量化分等评价，即对审计对象履行经济责任作出"很好""较好""一般""差"的评价结论。4. 审计评价用语要准确、适当，以写实为主。〕

三、被审计领导干部履行经济责任的主要业绩

×××同志任职期间，履行经济责任取得的主要业绩包括：

（一）×××。

（二）×××。

（三）×××。

……

〔说明：主要业绩部分可重点反映被审计领导干部的工作思路、制定的发展战略规划、贯彻落实中央重大政策措施和决策部署采取的重大措施及成效；推动所在单位调整优化产业结构、业务方向、服务模式，技术创新研发等提升核心竞争力、关系全局发展的具体措施及成效；加强组织治理结构、内部控制和风险管理体系建设等履行管理职责的有关工作及成效等。〕

四、审计发现的主要问题和责任认定

（一）贯彻执行党和国家经济方针政策及决策部署方面

×××同志任职期间，×××〔单位〕贯彻执行党和国家经济方针政策及决策部署共涉及×××方面〔列举重要的几项，一般不超过3项〕等××项工作，涉及金额×××万元，本次审计重点检查了其中××项，涉及金额×××万元，占比××％。审计发现，×××同志在贯彻执行党和国家经济方针政策及决策部署方面取得成效的同时，也存在××项政策执行不够到位的问题。具体如下：

1. ×××。

此问题主要是×××〔单位〕×××，×××〔人员〕×××所致〔定责理由〕，×××同志对此负有××责任。

〔定责理由示例："主要是×××单位贯彻落实党中央关于×××的目标要求不到位，×××同志推动落实相关工作不力所致。"〕

2. ×××。

（1）×××。

（2）×××。

……

上述××至××项问题，主要是×××〔单位〕×××，×××〔人员〕×××所致〔定责理由〕，×××同志对此负有××责任。

……

（二）发展战略规划制定及执行方面

本次审计重点检查了×××〔单位〕×××方面〔列举重要的几项，一般不超过3项〕等××项工作。审计发现，×××同志任职期间，×××〔单位〕存在×××等问题〔列举主要的几个方面的问题〕。具体如下：

……

（三）重大经济事项决策及执行方面

×××同志任职期间，×××〔单位〕共作出×××〔据实表述，如重大投资、重大工程建设、重大物资和服务采购、重大资本运作、重大资产处置、重大对外担保和出借资金〕等××项重大经济决策，涉及金额×××万元。本次审计重点检查了××项，涉及金额×××万元，占比××%。审计发现，××项决策存在违规决策（或决策不当）问题，涉及金额×××万元，造成损失×××万元、潜在损失×××万元、亏损×××万元、资产闲置×××万元。具体如下：

……

（四）组织治理和内部管控方面

本次审计重点检查了×××〔单位〕×××方面〔列举重要的几项，一般不超过3项〕等××项工作的落实情况，以及对下属单位的管理情况。审计发现，×××同志任职期间，×××〔单位〕存在×××等问题〔列举主要的几个方面的问题〕，涉及金额×××万元，造成损失×××万元、潜在损失×××万元、亏损×××万元、资产闲置×××万元。具体如下：

……

（五）财政财务收支和资产管理方面

本次审计重点检查了×××〔单位〕预算管理、财务收支、资产管理、×××等方面情况。审计发现，××××年××月至××××年××月多计收入×××万元、少计收入×××万元，多计成本费用×××万元、少计成本费用×××万元，多计投资收益等×××万元、少计投资收益等×××万元，合计多计利润×××万元、少计利润×××万元；多计资产×××万元、少计资产×××万元，多计负债×××万元、少计负债×××万元，多计所有者权益×××万元、少计所有者权益×××万元。其中×××同志任期内多计利润×××万元、少计利润×××万元。还发现在资产管理中存在×××等方面的问题。具体如下：

……

（六）在经济活动中落实有关党风廉政建设责任和遵守廉洁从业规定方面

本次审计重点检查了×××〔单位〕×××等情况。审计发现，×××总部、重点所属单位及其领导班子成员涉嫌违纪违规问题××项，涉及金额×××万元。具体如下：

……

（七）以往审计发现问题的整改方面

针对××××年对×××〔单位〕审计中发现的问题，基本已按要求进行整改，但以下问题仍未整改到位。具体如下：

……

〔说明：1. 反映审计发现的主要问题应考虑其重要性（包括性质、情节、金额、后果和影响的严重性、典型性和普遍性等因素），与被审计领导干部履职情况的关联度和对实现审计目标的影响等。金额较小、性质较轻、与被审计领导干部关联不大的问题，可以不写入审计报告正文，而是在《审计发现问题汇总表》（附件2）中反映。2. 审计发现问题的发生期间应与被审计领导人员任期内的分工范围和期间严格对应。问题需要进行责任认定的，应表述责任认定依据（定责理由）及应承担的责任。对于本次审计难以认定责任的，如本次审计未抽样、未能获取充分证据证明离任者需承担经济责任等情形，在报告中采用"对于×××问题，将依据具体项目的后续责任认定结果相应认定经济责任"等相关表述。3. 问题一般应表述违纪违规事实、定性及依据。在引用法律和法规时，一般应列明文件名称、具体条款号及条款内容；在引用规章和规范性文件时，一般应列明发文单位、文件名称、发文号、具体条款号及条款内容。审计报告篇幅过长的，可以仅在《审计发现问题汇总表》（附件2）中列示法规规章和规范性文件的具体条款内容。4. 审计发现的问题应合理归类，按照重要性原则排序。〕

五、审计意见和建议

（一）×××。

（二）×××。

（三）×××。

……

〔说明：1. 应针对审计发现的问题提出如何纠正问题和追究责任的具体意见。提出审计意见时要关注适用的法律法规以及组织内部的规章制度，可建议被审计单位适当管理层或相关部门作出处理。2. 既可以针对审计发现的问题，也可以针对审计中了解到的其他不足，提出进一步改进提高的审计建议。其中针对审计发现问题提出的审计建议应与反映问题的顺序基本一致。3. 审计建议应具有针对性和可操作性，便于被审计领导干部及其所在单位和其他有关单位（部门、机构）采纳。4. 审计建议的对象一般为被审计领导干部及其所在单位。〕

对于本次审计发现的与被审计领导干部履行经济责任无直接关系的其他问题及其相关审计意见建议在《审计发现问题汇总表》（附件2）中反映。

附件1. 主要财务业务数据表

附件2. 审计发现问题汇总表

〔说明：1. 经济责任审计一般应当编制《主要财务业务数据表》，对被审计领导干部任职期间主要财务和业务指标、数据的发展变化情况以表格形式直观地加以展示。2.《审计发现问题汇总表》集中反映审计报告正文中"审计发现的主要问题"及审计发现的其他问题，补充说明在审计报告正文中不便反映的部分信息。问题可以按照在审计报告中的分类和顺序，或者项目审计方案中审计内容的分类和顺序列示。不必列示审计报告中对每类问题的汇总情况。每项具体问题描述尽量简洁明了。〕

×××会计师事务所　　　　　　　中国注册会计师：×××
　　（盖章）　　　　　　　　　　　（签名并盖章）
　　　　　　　　　　　　　　　　　中国注册会计师：×××
　　　　　　　　　　　　　　　　　（签名并盖章）
中国·××市　　　　　　　　　　二○××年××月××日

附件1

主要财务业务数据表

略。

〔说明：根据领导干部所在单位的财务报表数据编制。〕

附件2

审计发现问题汇总表

序号	在审计报告中的序号	问题标题及摘要	责任认定	问题金额（万元）	审计定性及依据	审计意见及依据	审计建议	备注
一、审计发现的主要问题								
1								
2								
3								
……								

续表

序号	在审计报告中的序号	问题标题及摘要	责任认定	问题金额（万元）	审计定性及依据	审计意见及依据	审计建议	备注
二、审计发现的其他问题（未在报告正文反映）								
1								
2								
3								
……								

参考文献

1. 李进营. 浅谈国家治理视角下的经济责任审计 [EB/OL], (2011 - 12 - 20) https：//www. audit. gov. cn/n9/n397/n401/c14965/content. html.

2. 黄容, 陈幔芹, 谢清华. 论经济责任审计的价值理念、治理体系与实践能力 [J]. 财会月刊, 2024 (4)：80 - 86.

3. 2021 高级审计师资格考试复习指南 [M]. 北京：中国时代经济出版社, 2021：507 - 508.

4. 刘海泉, 刘亚玲. 关于新时期行政事业审计工作的几点思考 [EB/OL], (2011 - 03 - 30) https：//www. audit. gov. cn/oldweb/n6/n1558/c113555/content. html.

5. 王凤波. 科研项目（课题）结题审计操作实务 [M]. 北京：中国财政经济出版社, 2023.

6. 第 2205 号内部审计具体准则——经济责任审计 [EB/OL], (2021 - 02 - 02) https：//www. ciia. com. cn/cndetail. html？id = 52207.

7. 第 3204 号内部审计实务指南——经济责任审计 [EB/OL], (2022 - 03 - 28) https：//www. ciia. com. cn/cndetail. html？id = 78728.

8. 第 2309 号内部审计具体准则——内部审计业务外包管理 [EB/OL], (2019 - 05 - 06) https：//www. ciia. com. cn/cndetail. html？id = 78256.